Die Welt der Tiere

Dschungel-tiere

Die Welt der Tiere

Lino Penati

Dschungeltiere

Herder Freiburg · Basel · Wien

Aus dem Italienischen übertragen von
Manuela Oestreich

Titel der Originalausgabe: CONOSCERE GLI ANIMALI – GLI ANIMALI DELLA GIUNGLA
© 1977 by Rizzoli Editore International Division – Librairie Larousse
© der deutschen Ausgabe: Verlag Herder Freiburg im Breisgau 1978
Alle Rechte an der deutschen Ausgabe vorbehalten.
Satzarbeiten: Freiburger Graphische Betriebe
Druck und buchbinderische Verarbeitung: Rizzoli Editore Mailand 1978
ISBN 3-451-18108-8

Der Dschungel

Viele Menschen müssen heute in den Ballungszentren zwischen Wolken-
kratzern oder in häßlichgrauen Häusern leben; Tag und Nacht flutet der
Straßenverkehr an ihren Fenstern vorbei, und der Himmel ist von den
Industrieabgasen verdunkelt.

Wenn diese Menschen den Dschungel überfliegen, fühlen sie sich entweder in eine andere Welt oder in eine andere Zeit versetzt. Unter ihnen
entfaltet sich nicht der versteinerte Wald der Hochhäuser und die in Tausenden von Jahren umgestaltete Natur, ihr Blick fällt vielmehr auf ein
ununterbrochenes grünes Meer von Bäumen, Sumpf- oder Buschwäl-
dern. Einige lebhafte Farbflecken der verschiedenen Blütenbäume lok-
kern das kräftige Grün auf. Am bläulich schimmernden Hintergrund,
hinter zarten Regenschleiern, zeichnen sich die Höhen der Gebirgsketten
oder erloschene Vulkane, deren früher kahle Wände nun bereits ebenfalls
vom wuchernden Grün des Urwalds bedeckt sind, ab. Die ziehenden
Wolken dieser tropischen Landschaft bieten dem Betrachter Licht- und
Schattenspiele; Gewitter entladen sich an den Hängen und in den Tälern,

Mangrovenwald

5

die möglicherweise noch kein Mensch jemals betreten hat. Das Wasser glitzert im Sonnenlicht unter der dunklen Laubdecke und verbreitert sich langsam zu Flüssen und Strömen oder in Lagunen, die vom dichten Schilf umwachsen sind.

Ein Teil des Dschungels reicht bis an die Meeresküsten. Die Bäume des Mangrovenwaldes, deren Wurzeln auch in das salzige Wasser eindringen, halten verstärkt den Schlamm der Flüsse zurück, so daß sich die Landoberfläche vergrößert. Bei einem Flug über dieses Gebiet entsteht leicht der Eindruck, daß der Dschungel unbewohnt sein könnte. Man entdeckt kaum Leben, vielleicht einen einsamen Greifvogel oder einige auffliegende Papageien, eine Lagune, die wie ein blühender Tümpel aussieht und dann plötzlich von Hunderten rosafarbenen Flügel belebt wird, ein leichter Schaumstreifen, der ein Flußpferd verrät, oder das graue schläfrige Krokodil auf einer Sandbank.

Die erste Begegnung mit dem Dschungel dürfte, nach all den phantasievollen Erzählungen und der eigenen Vorstellung, für den heutigen Menschen ziemlich enttäuschend sein. Er befindet sich in einer grauen Dämmerungszone, deren Stille nur vom gelegentlichen Zirpen einer Grille oder vom dumpfen Schlag eines fallenden Baumes unterbrochen wird. Es herrscht vollständige Windstille. In der Luft liegt ein nicht zu beschreibender Modergeruch. Für eine Besiedlung und wirtschaftliche Erschließung bestehen kaum zu überwindende Schwierigkeiten; die Wälder sind im Innern nur schwer zu durchdringen. Kein Lebenszeichen irgendeines Tieres; nur ein großer Tausendfüßler, aufgerollt auf einem Stein, ein Baumegel unter einem Blatt oder eine Kaulquappe, die in einer winzigen Wasserlache in der Aushöhlung eines Baumes schwimmt. Noch ist keine Palme zu sehen; die Bäume scheinen alle der gleichen Art anzugehören. Ihre Blätter sind glatt und wie mit Wachs überzogen. Die feuchte Luft läßt Nebelschleier zwischen den Stämmen hoher Bäume entstehen. Sie erinnern an die Gänge und Bogen gotischer Kathedralen.

Plötzlich beginnt es zu regnen; Wege verwandeln sich in trübe Bäche. Sofort erscheint der Wald in einem völlig anderen Bild, feindlich oder wohlwollend, je nachdem, wie man ihn betrachtet. Die Berührung eines Grashalms erschrickt den Menschen, und eine Wurzel, auf der er steht, erinnert ihn an eine Schlange. Aus einem morschen Stamm sieht er drohende Augen auf sich gerichtet; es sind aber nur Leuchtpilze in der seltsamen Beleuchtung des vom Laub gebrochenen Lichtes. Selbst ein Stein wirkt in dieser Umgebung wie der Kopf einer zerfallenden Statue aus längst vergangener Zeit.

Nach Sonnenuntergang scheint das Leben im Wald seinen Anfang zu nehmen: Geräusche, durchdringende Schreie ertönen, ein wirres Durch-

einander dumpfer Töne; aus den Sümpfen erschallt das Quaken der Frösche wie ein entferntes Trommeln. Das Gefühl, der Dschungel sei eine große, lebende Gemeinschaft, entspricht der Vorstellung der Pygmäen; sie halten den Urwald für eine kluge und reizbare Gottheit. Eine wissenschaftliche Definition des Dschungels zu geben ist dagegen schwieriger.

In Äquatornähe verläuft ein grüner Landschaftsgürtel rund um unsere Erde; Bergketten und Meere unterbrechen ihn. Es handelt sich um den tropischen und subtropischen Ur- oder Regenwald; man spricht auch vom Dschungel, einem Wort, das sich vom Indischen „jangal" ableitet und soviel wie „Sumpfwald" bedeutet. Er nimmt etwa 45% der gesamten Waldfläche der Erde ein. Notwendig für ihn sind gleichmäßige Niederschläge und Temperaturen. Der immergrüne Regenwald ist eine typische Erscheinung der Niederungen. 600 m über dem Meeresspiegel geht er in den immergrünen Bergwald (montanen Regenwald) und in Höhen von 1500–2000 m in die sogenannten Nebelwälder über. Auf die Zonen des Regenwaldes folgen nach Norden und Süden zwei verschiedene Vegetationstypen: Wälder oder die offenen Savannenlandschaften. Mit der Häufigkeit der Regenfälle verschieben sich die Grenzen. Nur dort, wo feuchte Seewinde ständig Niederschläge bringen, kann der Regenwald bis zu den Wendekreisen vordringen, wie in Hinterindien im Norden und

Verbreitung der tropischen und subtropischen Regen- und Höhenwälder.

Subtropischer und
tropischer Regenwald

in Brasilien im Süden. Die größten zusammenhängenden Dschungel- beziehungsweise Urwaldgebiete liegen im Amazonasbecken, an den Küsten Oberguineas, im Kongobecken und in der indonesischen Inselwelt. Man unterteilt den tropischen Regenwald in drei Regionen: den amerikanischen Regenwald in Süd- und Mittelamerika; den afrikanischen Regenwald in Ostafrika, Äquatorialafrika und Madagaskar; den indomalaysischen Regenwald Südostasiens, der bis zu den Inseln im Pazifik und nach Ostaustralien reicht. In jedem Gebiet wachsen für dieses typische Pflanzenarten.

Wo und wann der tropische Regenwald, so wie wir ihn heute erleben, seine Anfänge hatte, wissen wir nicht. Wahrscheinlich im Silur (vor rund 450 Mill. Jahren) bedeckte sich das feste Land erstmals mit Bärlappen und Schachtelhalmen. Im Karbon (vor rund 310 Mill. Jahren) waren die Wälder dann bereits sehr üppig; es herrschte ein warmes und regenreiches Klima. Bärlapp-Bäume und Riesenfarne entwickelten sich. Auch zeigt das Auftreten von Nadelbäumen, daß sich die Pflanzenwelt weiterentwickelt hat. Das beweist zudem der eigenartige Gingkobaum, der heute noch in ganz ähnlicher Form anzutreffen ist. Am Ende der Kreidezeit (vor etwa 75 Mill. Jahren) gab es dann bereits die meisten heute vorhandenen Laub- und Nadelbäume.

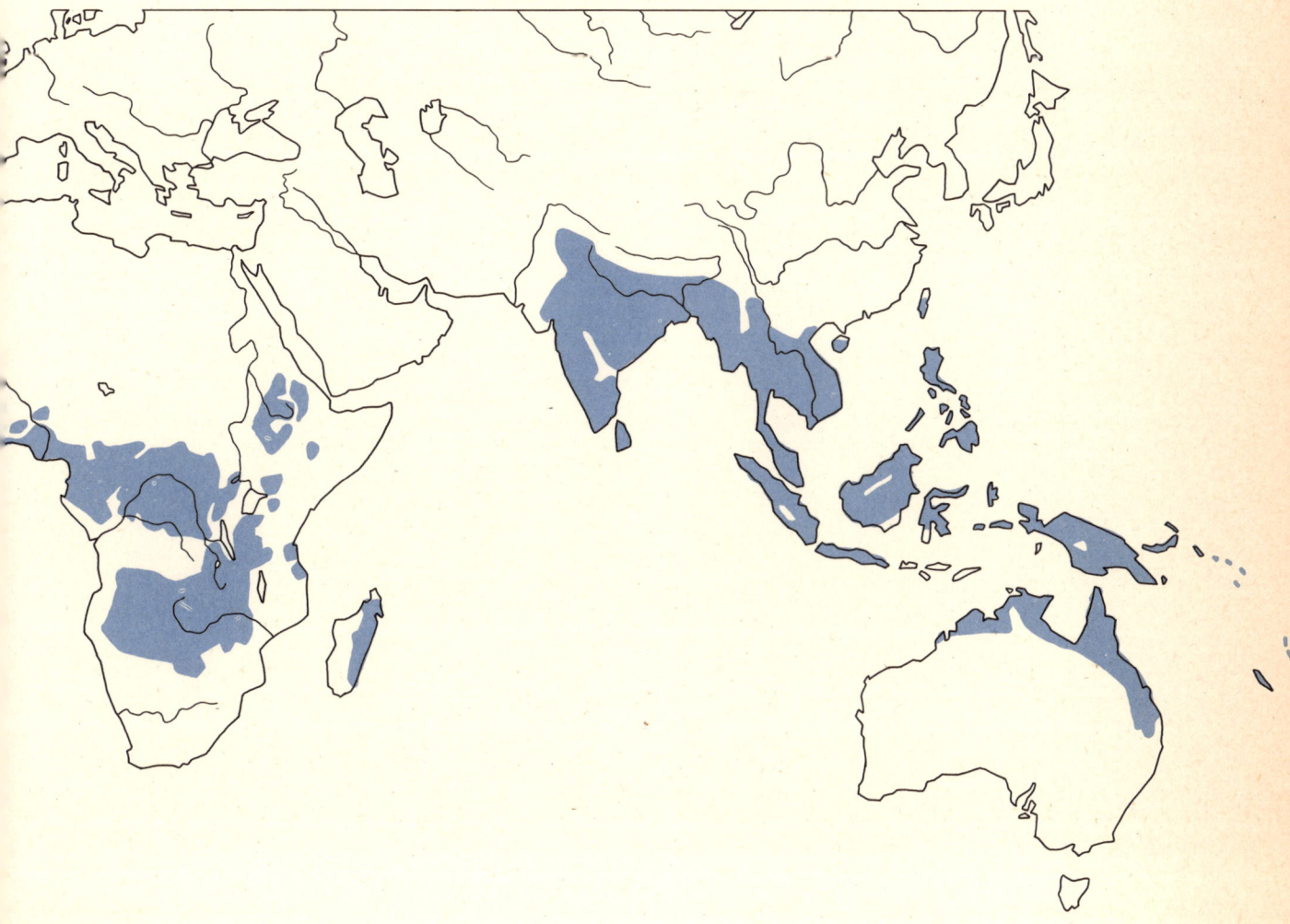

Mit unseren heutigen Kenntnissen fällt es schwer, die äußersten Grenzen, die der Dschungel jemals möglicherweise erreicht hat, festzulegen. Sicher haben sich seine Grenzen parallel zu den warmen und feuchten Klimaperioden und der Ausdehnung der Meere erweitert oder sind zurückgegangen. Aller Wahrscheinlichkeit nach gab es bereits im Tertiär Dschungelgebiete, die dem unberührten Teil des Urwalds am Amazonas ähnelten. Unterstützt wird diese These von der Existenz der Halbaffen, die hochspezialisierte Urwaldbewohner sind. Die Fossilienfunde von diesen Tieren zeigen uns den Weg ihrer Wanderung von Nordafrika durch Ostafrika bis nach Madagaskar.

Die Kohleablagerungen in der Antarktis beweisen, daß vor etwa 70 Mill. Jahren der Südpol mit Palmen und anderen Bäumen bewachsen war. Der Dschungel reichte aber auch bis nach Europa und Nordamerika. Es gibt nämlich in Amerika Funde von fossilem Harz, in dem Tsetsefliegen eingeschlossen sind, und in Europa entdeckte man in den Ablagerungen Vertreter der Trogons; in der Alten Welt, also in Asien und Afrika, gibt es heute noch 14 Arten dieser wunderschönen Vögel der tropischen Regen- und Bergwälder. Weitere Beweise der früheren Ausdehnung des Dschungels liefern einzelne, isolierte Regenwälder auf den Usambara- und Ulugurubergen in Ostafrika.

Wenn die klimatischen Verhältnisse sich zugunsten des Regenwaldes

Die Bezeichnung Dschungel leitet sich vom Hindi-Wort „jangal" ab, was soviel wie „Sumpfwald" heißt; Hindi ist die Amtssprache in Indien.

*Die größten zusammenhängenden Urwald-
gebiete liegen im Amazonasbecken südlich
des Äquators. Es gibt drei typische Urwald-
landschaftsgürtel: den amerikanischen, den
afrikanischen und den indomalaysischen;
letzterer stellt den Dschungel an sich dar.*

ändern, so breitet sich dieser wieder in die Savannen und Wüstengebiete
aus. Vor allem vergrößert sich der sogenannte Galeriewald, der sich an
den Flüssen entlangzieht und wie im Falle des Nils und Nigers ihren Lauf
begleitet. Einige Wissenschaftler vertreten die Meinung, daß die ostafri-
kanischen Wälder, die durch Savannengebiete getrennt werden, aus der
früheren Ausdehnung des Galeriedschungels entstanden sind; sie haben
sich den klimatischen Bedingungen angepaßt.

Wie die Wüste mit ihrer Fata Morgana und Luftspiegelungen täuscht
und das polare Packeis dem Flieger ein trügerisches Gefühl von Sicherheit vermittelt, so gibt der Dschungel bei einer ersten Begegnung das
falsche Bild einer düsteren und langweiligen Umgebung wieder. Zwar
kennt er nicht die leuchtenden Farben unseres Frühlings- und Herbst-
waldes und die Blütenfülle zu bestimmten Jahreszeiten. Doch die Blumen
wachsen hier nur nicht auf dem Waldboden, sondern hoch auf den
Bäumen. In Malaysia zählte man auf einem einzigen Baum z. B. 98 verschiedene Orchideenarten, und in Uganda gibt es kleine Vogelschwärme,
die aus einem Dutzend verschiedener sperlingähnlicher Arten bestehen.
Es gilt nur, die üppige Schönheit und Vielseitigkeit zu entdecken.

Die artenreiche Fülle tierischen und pflanzlichen Lebens ist für die tropischen und subtropischen Regenwälder typisch. Die 660 bis heute bekannten Vogelarten in Neuguinea übertreffen zahlenmäßig die gesamte

Man nimmt an, daß es im Tertiär bereits Wälder gab, die dem heutigen Dschungel sehr ähnlich waren. Unterstützt wird diese These von der Existenz der Halbaffen, die sich dem Leben im tropischen Regenwald sehr stark angepaßt haben. Ihre Fossilfunde zeigen eine Wanderung auf, die in Nordafrika begann und bis nach Madagaskar führte.

Vogelwelt Europas. Hochgewachsene Baumarten mit einem Durchmesser von $1/2$ m und mehr sind auf Java, im erforschten Teil des Amazonas und Malaysias mit 3000, im Staate Parana (Brasilien) mit 1000, an der Elfenbeinküste mit 600 und in Trinidad mit 400 Arten vertreten; in unseren Wäldern beträgt die Zahl dagegen kaum 50.

In Indonesien und Neuguinea gibt es rund 20000 verschiedene Arten von Blütenpflanzen, Bäumen, Büschen und Gräsern. Im relativ kleinen Staate Malaysia wachsen ungefähr 10000 verschiedene Pflanzenarten. Jedes Jahr werden im Dschungelgebiet Borneos, in Bolivien, Kolumbien und Peru neue Orchideen gefunden. Genauso häufig entdeckt man Zusammenhänge zwischen den verschiedenen Pflanzenarten und den Tieren, wie zum Beispiel Insekten, Vögeln, Fledermäusen und sogar Schnecken, die für die Übertragung der Pollen sorgen. Das Verzeichnis der Tierarten des Dschungels, das ständig auf den neuesten Stand gebracht werden muß, leidet genauso unter Unvollständigkeit und ist genauso wie das Verzeichnis der Pflanzenarten nur eine vorläufige Aufzählung.

In den Wäldern Paraguays entdeckte man 1975 einen kerngesunden Pekari, von einer Art, die man bereits seit mindestens einer Million Jahren aus ausgestorben wähnte. Das Okapi aus dem kongolesischen Regenwald, eine Waldgiraffe, konnte erst 1919 in einem Zoo in Europa gezeigt werden. Und man glaubt auch, daß außer den 40 Paradiesvögel- und 17 Laubenvögelarten es in den Wäldern Neuguineas, der benachbarten Inseln und Australiens noch genauso viele weitere Arten gibt. Ein kleines Beuteltier wurde nur deshalb in Tierbüchern abgebildet, weil eine Katze

Für die verschiedenen Tiere im immergrünen Regenwald gelten die gleichen Regeln wie für das pflanzliche Leben. 1975 wurde in den Wäldern Paraguays ein Pekari (Gattung Tayassu) entdeckt, von dem man glaubte, er sei bereits vor mindestens einer Million Jahren ausgestorben. Erst 1919 gelangte das erste Okapi lebend in einen europäischen zoologischen Garten. Es ist die einzige heute noch lebende Art aus der Unterfamilie der Waldgiraffen; sie lebt im tropischen Regenwald am mittleren Kongo.

aus Queensland es als Beutetier mit nach Hause gebracht hatte; es handelte sich dabei zunächst um das einzige bekannte Exemplar seiner Art. Bis 1970, als man einige andere dieser Tiere im Regenwald auf der Kap-York-Halbinsel in Australien fing, galten die Stachelnasenbeutler (Echymipera) als typische Bewohner Neuguineas.

Einige primitive Menschenrassen der Insel Borneo, am Amazonas oder in Neuguinea wurden erst in letzter Zeit ausfindig gemacht, als man vom Flugzeug aus ihre versteckten Wohnstätten erblickte. Im letzten Jahrzehnt entdeckte man auf den Philippinen einen Stamm, dessen Entwicklungsstufe dem der Steinzeitmenschen entsprach; sie leben in einem Dschungelgebiet, nur etwa 25 km von unserer Zivilisation entfernt.

So überwältigend nun aber der Artenreichtum im tropischen Regenwald sein kann, so verhältnismäßig gering ist die jeweilige Zahl der Individuen. Das Nahrungsangebot wird für Pflanzenfresser in den Savannengebieten möglicherweise vielseitiger sein als im tropischen Regenwald, wo diese sich eventuell ausschließlich von Blättern ernähren müssen. Demzufolge ist etwa die Dichte der Huftiere in der Savanne größer als im Regenwald. Während es in Ghana in diesem Lebensraum nur drei Huftierarten gibt, leben in den Savannengebieten Kenias acht verschiedene Arten. Im selben Verhältnis treten im Dschungel viel mehr Vogelarten, die sich von Früchten ernähren, auf als solche, die vorwiegend Samen fressen; letztere sind vorwiegend Savannenbewohner.

Analoge Unterschiede sind auch im Pflanzenbereich zu beobachten. Auf 1 ha Regenwaldfläche befinden sich 40–120 hochstämmige Arten im Gegensatz zu 5–6 Arten in einem europäischen Waldgebiet.

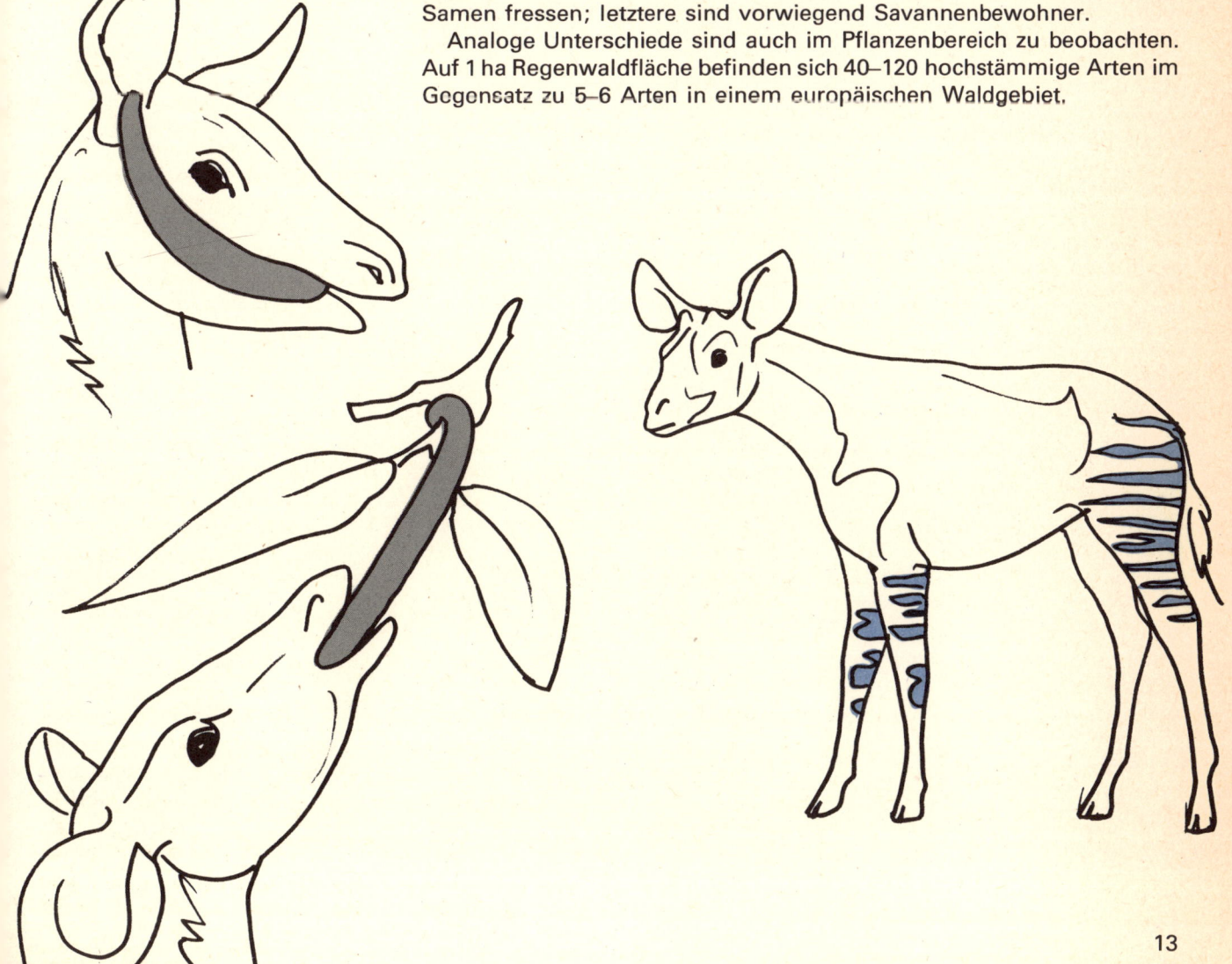

Der tropische Regenwald läßt sich in mehrere "Etagen" gliedern. Die höchste Schicht wird von den sogenannten "Urwaldriesen" gebildet. Es gibt Bäume, die über 100 m hoch werden. Die zweite Schicht ist zusammenhängender und hat Bäume, deren Höhe zwischen 30 und 40 m schwankt. Die dritte Stufe, das geschlossene Kronendach des Urwaldes, besteht aus Bäumen, die 15–30 m hoch werden. Den darunterliegenden Raum füllen Palmen, Sträucher und Jungwuchs.

Im Gegensatz zu anderen Vegetationsgürteln (Wüste, offene Savanne, Tundra usw.) handelt es sich beim Urwald um einen dreidimensionalen Raum, der in verschieden hohe und übereinanderliegende Abschnitte gegliedert ist. Man könnte einen Schnitt durch den Urwald versuchen unter Berücksichtigung der Tatsache, daß er sich einer Verallgemeinerung durch ständige Veränderungen entzieht.

Die Bäume haben etwa drei unterschiedliche Höhen, und ihr Laub bildet entsprechende grüne Flächen, die im dauernden Kampf um das Sonnenlicht stehen. Die höchste "Etage" wird von den Baumriesen gebildet. Diese können, wie der Pfefferminzbaum *(Eucalyptus amygdalina)* aus Australien, Höhen bis zu 100 m erreichen; die kalifornische *Sequoia gigantea*, ein Sumpfzypressengewächs, übertrifft mit ihren 110 m Höhe noch die australische Art. In Queensland fand man einen Pfefferminzbaum, den ein Blitz gefällt hatte. Er muß zu Lebzeiten sogar eine Höhe von 156 m gehabt haben, und sein Stammesumfang am Boden betrug 30 m. Riesen dieser Art ragen am Horizont des Dschungels meist mit einer schirmförmigen Krone auf; es sind seltene Exemplare, meist stehen sie einzeln.

Die zweite "Etage" ist zusammenhängender; ihre Bäume wachsen zwischen 30–40 m hoch und gehören verschiedenen Arten an; sie haben schmale, spitze oder schirmförmige Kronen.

Die dritte Stufe, deren Bäume eine Höhe von 15–30 m erreichen, bildet das geschlossene Kronendach des Dschungels.

Palmen, Sträucher und Jungwuchs füllen den darunterliegenden

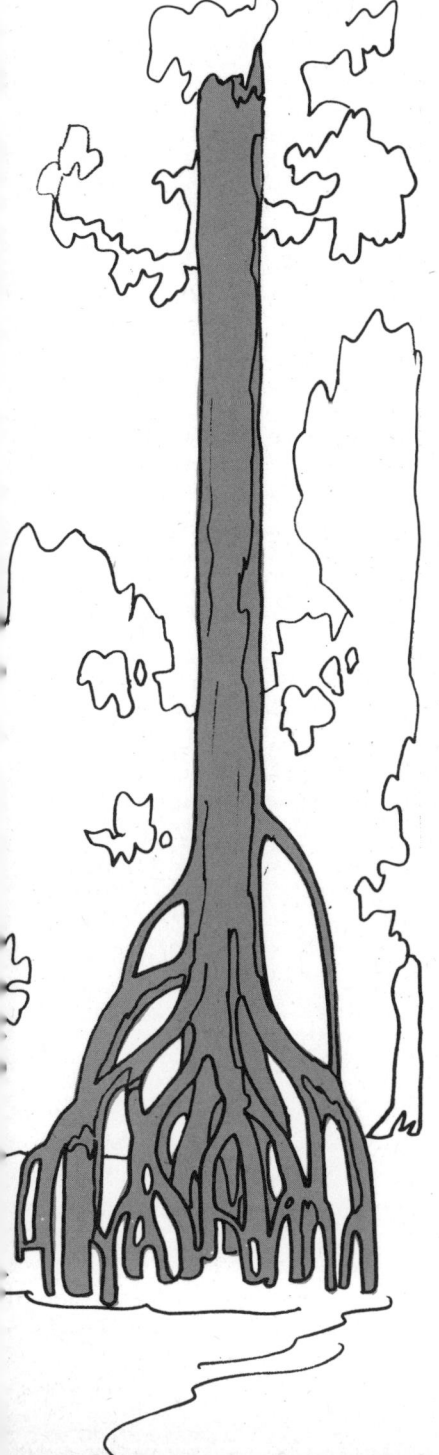

Noch ein typisches Merkmal dieser Wälder sind die Stelzwurzeln. Diese wachsen aus den Stämmen und Ästen nach unten und erhöhen die Standfestigkeit des Stammes.

Raum aus, mit den Bäumen durch die alles umrankenden Lianen verbunden. Der Boden liegt stets im dämmrigen Zwielicht, so daß die lichtliebenden Gräser fehlen. Das Auge eines Europäers vermißt hier auch Moosarten, die eher auf abgestorbenen Bäumen wachsen, denn die Helligkeit kann am Waldboden $1/1000$ derjenigen des normalen Tageslichtes betragen.

Im Dschungel sind holzige Bäume mit gerade ausgerichteten Stämmen, die sich nach oben verjüngen und die eine glatte und dünne Rinde haben, häufig. Typisches Merkmal vieler Baumarten, wie zum Beispiel auch beim Feigenbaum, sind die langgestreckten Wurzeln, die an ihrem Fuß aus der Erde ragen. Ihre Stützfunktion wird heute noch immer angezweifelt. Sie sind auf jeden Fall ein ideales Versteck für die Eier und Larven der Tsetsefliegen.

Besonders in feuchten und oft überschwemmten Dschungelgebieten findet man die Mangrovenbäume. Diese sind mit Stelzwurzeln, die nach unten wachsen, versehen; sie erhöhen die Standfestigkeit der Bäume. Hierzu gehören besonders die Vertreter der Familien *Rhizophoraceae* (Manglebaumgewächse) und *Sonneratiaceae.* Eine weitere Besonderheit sind die Atem- und Luftwurzeln; es handelt sich um nach oben wachsende Nebenwurzeln, die aus dem Boden oder aus dem Wasser ragen und die Pflanzen in der Hochwasserzone schlickreicher Küsten mit Sauerstoff aus der Luft versorgen.

Weitgehend verholzt sind die Lianen. Es sind kletternde, schlingende oder windende Gewächse, die andere Pflanzen gern als Stütze benutzen, um günstige Lichtverhältnisse zu erreichen. Oft umwinden sie aber ihren Wirt so stark, daß dieser erstickt; doch verläuft dieser Vorgang außerordentlich langsam.

Bemerkenswert ist noch, daß in den tiefsten Schichten des Dschungels sogenannte Zwergpflanzen gedeihen. Es handelt sich um Bäume in der Größe von Sträuchern und Büsche, die nur die Höhe von Gräsern erreichen. Die Entwicklungsgeschichte dieser Zwergpflanzen ist für die Biologen ein Rätsel. Ihre Existenz ist jedoch typisch für den Dschungel, genauso wie die Blumen, die unmittelbar aus dem Stamm oder aus dem Ast heraus blühen und die oft äußerst gering geschützten Knospen. Erstaunlich ist auch das Aussehen junger Blätter, die oft verwelkt aussehen oder recht seltsame Farben annehmen. Man glaubt, daß die Rotfärbung der Farne aus Borneo *(Tectaria)* oder anderer Arten *(Cynometra)* ein Schutz gegen ultraviolette Strahlen sind. Die Blätter haben eine glatte, wachsartige Oberfläche und sind mit Tropfanlagen an der Spitze sowie einem s-förmig gebogenen Stiel versehen. Sie haben sich offensichtlich einer Umgebung angepaßt, in der es wichtig ist, jede Art Feuchtigkeit abzuweisen, damit zerstörende Einflüsse vermieden werden.

Charakteristisch für den Dschungel, weitaus mehr als für die Wälder der gemäßigter Breiten, sind Epiphyten und Saprophyten. Die Epiphyten, zu denen viele Orchideenarten gehören, benutzen eine andere Pflanze nur als Stütze, während die Mistelgewächse vom Saft der Wirte schmarotzen. Saprophyten ernähren sich von toten organischen Substanzen.

Die wichtigsten Faktoren, die zur Eigenart des Dschungels beitragen, sind Wind, Regen, Temperatur und die geographische Lage. Je mehr man sich innerhalb des Tropengürtels dem Äquator nähert, kann man eine Durchschnittstemperatur von 24°–28° C in der Ebene, 19°–24° C in der Hügellandschaft und 13°–18° C im Gebirge verzeichnen; die jahreszeitlich bedingten Schwankungen sind gering. Die Luftfeuchtigkeit steigt auf bis 97% an.

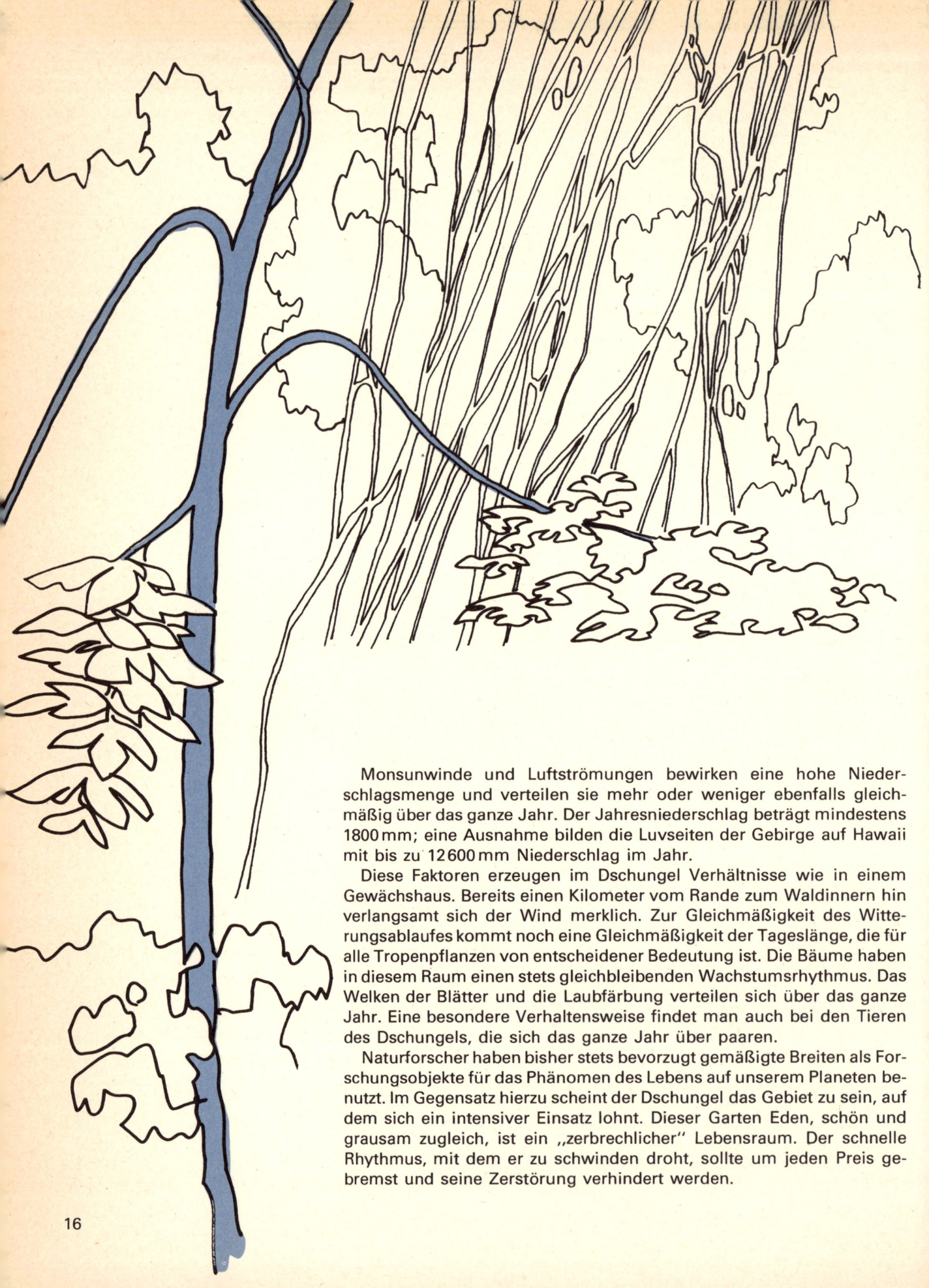

Monsunwinde und Luftströmungen bewirken eine hohe Nieder-
schlagsmenge und verteilen sie mehr oder weniger ebenfalls gleich-
mäßig über das ganze Jahr. Der Jahresniederschlag beträgt mindestens
1800 mm; eine Ausnahme bilden die Luvseiten der Gebirge auf Hawaii
mit bis zu 12 600 mm Niederschlag im Jahr.

Diese Faktoren erzeugen im Dschungel Verhältnisse wie in einem
Gewächshaus. Bereits einen Kilometer vom Rande zum Waldinnern hin
verlangsamt sich der Wind merklich. Zur Gleichmäßigkeit des Witte-
rungsablaufes kommt noch eine Gleichmäßigkeit der Tageslänge, die für
alle Tropenpflanzen von entscheidener Bedeutung ist. Die Bäume haben
in diesem Raum einen stets gleichbleibenden Wachstumsrhythmus. Das
Welken der Blätter und die Laubfärbung verteilen sich über das ganze
Jahr. Eine besondere Verhaltensweise findet man auch bei den Tieren
des Dschungels, die sich das ganze Jahr über paaren.

Naturforscher haben bisher stets bevorzugt gemäßigte Breiten als For-
schungsobjekte für das Phänomen des Lebens auf unserem Planeten benutzt. Im Gegensatz hierzu scheint der Dschungel das Gebiet zu sein, auf
dem sich ein intensiver Einsatz lohnt. Dieser Garten Eden, schön und
grausam zugleich, ist ein „zerbrechlicher" Lebensraum. Der schnelle
Rhythmus, mit dem er zu schwinden droht, sollte um jeden Preis ge-
bremst und seine Zerstörung verhindert werden.

Verbreitung des tropischen und subtropischen Regenwaldes

Nebenstehende Seite: Lianen versuchen mit ihren dünnen Stengeln so rasch wie möglich aus dem Waldesschatten und vom Erdboden empor in das Sonnenlicht zu gelangen.

Palmen gedeihen in Afrika in den Sumpfwäldern und entlang der Flußläufe.

Das „Grüne Herz" des afrikanischen Regen- und Höhenwaldes, das nicht mehr ein großes, zusammenhängendes Gebiet bildet, liegt im Kongobecken. Im Westen läuft es in Gabun und Kamerun aus und verbreitet sich parallel zum Golf von Guinea bis nach Liberia, Sierra Leone und Gambia.

Eine Unterbrechung ist in Westnigeria bis ins östliche Ghana zu beobachten; hier erreicht die Feuchtsavanne mit tropischen Feldbaugebieten die Meeresküste. Im Osten berührt der immergrüne Regenwald nur knapp das Gebiet um den Victoria-See. Im Süden dehnt sich der Wald über Sambia hinweg nach Rhodesien in Form eines Galeriewaldes aus. Galeriewald begleitet auch den Nil auf seinem Weg nach Norden. Ausläufer findet man ferner auf der Ostküste Madagaskars und den umliegenden Inseln. Es ist schwer, die Ausdehnung des afrikanischen Regenwaldes zu bestimmen, da auf der Welt jede Minute 7 ha Urwald vernichtet werden; Afrika macht in diesem Punkt keine Ausnahme. Es gibt aber Gründe für die Annahme, daß von 30 Millionen km² Wald des schwarzen Kontinents nur 5% echter tropischer Regenwald sind. Der subtropische Wald ist ungefähr doppelt so groß und teilweise dem Wechsel der Jahreszeiten unterworfen. Im afrikanischen Regenwald der Ebene gibt es erstaunlich wenige Pflanzenarten. Wahrscheinlich wurde diese Erscheinung durch die Eiszeiten hervorgerufen, die auf der ganzen Welt die

Regenwälder zurückdrängten. Der Artenmangel ist jedoch relativ; in Zaïre und in Burundi gibt es z. B. immerhin noch rund 9700 verschiedene Pflanzenarten. Auf dem Waldboden wachsen zwar nur wenige Gräser, dafür sind aber mehr Röte- *(Rubiaceae),* Aronstab- *(Araceae),* Commelinen- *(Commelinaceae)* und Liliengewächse *(Liliaceae)* vorhanden. Einige wurzelstockartige Gräser bilden dichte Flecken, die jede andere Art ausschließen; sie pflanzen sich durch Keimlinge fort.

Die Palmen kommen nur verhältnismäßig selten im eigentlichen Urwald vor. In Afrika kann man sie entlang der Flüsse und sumpfigen Wälder neben geradstämmigen anderen Bäumen finden. Kletterpflanzen *(Lianen)* fremder Art fallen uns Mitteleuropäern, die wir meist nur Efeu, die Weinrebe, Zaunwinde, Erbse und Bohnen kennen, sofort auf. Von 10 Arten kommen mit Sicherheit 9 in den tropischen Regenwäldern vor. In einigen Gebieten Nigerias vertreten die stark verholzten Kletterpflanzen (zum Beispiel die Lianen) 15–25% der dortigen Flora. Die Lianen haben sich für den Lichtgewinn durch einen eigenartigen Bau angepaßt. Hier ein Versuch, der im Dschungel in 6–8 Variationen unternommen wurde: Einige Lianen, die weit weg von den Bäumen aus dem Boden hervorwuchsen, entwickelten sich wie kurze, aufrechte Sträucher, andere waren nur Halbkletterpflanzen, und wieder andere blühten nur, wenn sie die oberste Schicht des Waldes und damit das Sonnenlicht erreicht hatten, wieder andere schließlich trugen kleine Blätter am dünnen Stengel und größere am oberen Ende.

Einige der Pflanzenarten, wie zum Beispiel die Schraubenpalmengewächse *(Pandanaceae),* werden von Polynesien bis Westafrika wegen ihrer Früchte angepflanzt; die Blätter dienen vielfach zur Herstellung von Matten, Körben sowie zum Decken der Dächer, und die Blattfasern verarbeitet man zu Seilen oder Netzen.

Ein eigenartiger Epiphyt ist der ostindische Banyan *(Ficus bengalensis)*. Er keimt auf Baumästen und schickt seine Wurzeln zum Boden hinab; diese verdicken sich zu säulenartigen Stämmen; schließlich erdrosselt der Banyan seinen Stützbaum, der schnell von Ameisen und Pilzen befallen und vernichtet wird. Schließlich entsteht aus dem einen Keimling ein ganzer „Wald".

Die Mistelgewächse *(Loranthaceae)* senken als Halbschmarotzer ihre Wurzeln in den Baum, den sie bewohnen. Sie sind für den tropischen Regenwald typisch und hier sehr häufig. Ihre Samen werden von Tieren, wie zum Beispiel Fledermäusen, Vögeln, Schnecken oder Insekten, verbreitet.

Zusammenhänge zwischen Pflanzen und Tieren sind am afrikanischen Affenbrotbaum oder Baobab *(Adansonia digitata)* zu beobachten. Seine Pollen werden von Fledermäusen und vom Riesengalago *(Galago crassicaudatus)*, einem Halbaffen, verbreitet. Es gibt zahlreiche Tiere, die auf diese Weise zur Bestäubung der Pflanzen beitragen.

Wie sieht nun der Dschungel aus, den noch nie ein Mensch betreten hat? Welches sind hier die vorherrschenden Pflanzen-, Tierarten? Der afrikanische Regenwald gab bisher keine genaue Antwort auf diese Fragen. Eines seiner ständigen Merkmale nach den typischen Auswaschungen und Veränderungen des Waldbodens durch verschiedene Faktoren besteht darin, daß der tropische Regenwald zahlreiche Arten mit jeweils nur verhältnismäßig wenigen Exemplaren beinhaltet. Diese Regel gilt für Westafrika, wo in einem großen Raum eine dominante Pflanzenart zu fehlen scheint, es bedeutet jedoch nicht, daß einige Arten örtlich sehr verbreitet sein können.

Diese Fragen lassen sich leider noch nicht beantworten, denn wir

wissen nicht, ob ein unberührtes Gebiet immer gleich aussieht. Einige Wissenschaftler vertreten die Meinung, daß der tropische Regenwald langsam sein Aussehen verändert. Dabei rücken einzelne Pflanzenarten zeitweise auseinander, oder sie werden ein andermal auch wieder enger zusammengebracht.

Dieses wäre das echte Gesicht des tropischen Regenwaldes; ein „Mosaikdschungel", wie ihn die Angelsachsen nennen. Reine Verbindungen sind zeitlich begrenzt, und man findet sie nur dort, wo der Boden seine endgültige Beschaffenheit noch nicht erreicht hat. So könnten eines Tages stärkere Zusammenrottungen von den unterschiedlichsten Einflüssen ausgelöscht werden; zum Beispiel würde ein Großbrand der Beginn für eine Folge neuer Arten sein.

Mit einer Veränderung der Pflanzenwelt ändert sich oft auch Vorkommen und Dichte der verschiedenen Tierarten. Wenn man Asien von Osten nach Westen durchquert, so stößt man auf den Dschungel erst in bestimmten Gebieten Indiens, auf den Ost- und Westghats, dann an den tieferliegenden Hängen im Osten des Himalaya, in Assam sowie beim Khasigebirge. In Thailand, Birma und auf der indochinesischen Halbinsel herrscht der Monsunwald vor; Klima und Niederschläge werden in diesen Gebieten durch die Monsunwinde geprägt, die auch eine Regen- bzw. Trockenzeit zur Folge haben.

Den Monsunwald trifft man auch im südwestlichen Teil der Insel Ceylon an. Dieses Gebiet ist eines der interessantesten auf der ganzen Welt. Es weist eine Tier- und Pflanzenwelt auf, die man teilweise auch auf Madagaskar und in Südafrika wiederfindet. In die höheren Gebirgsgegenden haben sich einige der ältesten, einzigartigen Formen zurückgezogen; es handelt sich hierbei um bestimmte Schnecken. Dieser Lebensraum scheint hoffnungslos dem Untergang geweiht zu sein; das starke Anwachsen der Bevölkerung und die Ausbreitung der Landwirtschaft zerstören ihn.

Auch auf den Philippinen, in Süd- und Nordvietnam, in Birma, Thailand und Celebes wird der Dschungel vom Menschen unaufhörlich zurückgedrängt.

Subtropische Regenwälder findet man ferner auf Taiwan, der Malaienhalbinsel sowie auf Sumatra. Hier begegnet man auch den typischen Mangroven- und Sumpfwäldern in den küstennahen Gebieten. Auf den Kleinen Sundainseln gestattet der trockene Monsun aus Australien nur eine eingeschränkte Ausbreitung des Regenwaldes. Der indomalaysische Dschungel endet in einem schmalen Streifen an der Nordostküste Australiens. Auf der Halbinsel von Kap York befinden sich zwei intakte Waldgebiete, die von Zuckerrohr- und Bananenplantagen begrenzt werden. Auch auf diesem Kontinent muß der Dschungel früher eine wesentlich größere Ausdehnung gehabt haben. Hier in Nord- und Ostaustralien ist der Korallenfinger *(Hyla caerulea)* beheimatet. Diesen prächtig gefärbten Baumfrosch trifft man auch in menschlichen Behausungen an; auffallend ist seine tiefe Stimme.

Tropische Regenwälder finden wir aber auch auf den Inseln und Archipels im westlichen Pazifik, auf den Neuen Hebriden, auf Samoa, den Salomon-, Fiji- und Freundschaftsinseln. Man kann auf einer ganzen Reihe von Inseln im Ozean, deren Dschungelgebiete während des Zweiten Weltkrieges zerstört worden waren, beobachten, wie analog der pflanzlichen Neubesiedlung der Vulkaninsel Krakatau in der Sundastraße

Oben: Bananen, deren Heimat die tropischen Regenwälder Südostasiens sind, wo sie zu den ältesten Kulturpflanzen gehören, werden unreif und grün geerntet. Trotz einer Höhe von 2–7 m und einer Stammesdicke von 20–30 cm handelt es sich um eine mehrjährige krautige Pflanze. Die Früchte stehen in einem Fruchtstand, der sog. „Hand", zusammen.

Unten: Der Korallenfinger, ein prächtig gefärbter Baumfrosch, lebt in den Regenwäldern Nordostaustraliens und Neuguineas.

nach der erschreckenden Eruption von 1883 der neue Wald wieder entsteht. Es gibt Pflanzenarten, die man noch auf den heißen Lavamassen der Vulkane im indonesischen Archipel ansiedeln kann; eine davon ist die *Metrosideros polymorpha*, eine Myrtenart dieser Inseln.

Charakteristisch für den indomalaysischen Dschungel und seinen australischen Ausläufer ist das große Vorkommen der verschiedensten Pflanzenarten, die vielen Lianen, Epiphyten und Saphrophyten. Unter den fleischfressenden Pflanzen (Karnivoren), zu denen unsere Sonnentaugewächse gehören, gibt es auf Sumatra und auf den Philippinen eine Art, die sich auf den Wurzeln und unterirdischen Teilen der Lianen ansiedelt. Sie hat eine der größten Blüten der Welt, mit einem Durchmesser von 1 m. Die Karnivoren besitzen die mannigfaltigsten Einrichtungen zum Tierfang.

Eine einmalige Erscheinung in der Geschichte der Tierhaltung ist der Einsatz von Affen, die in Malaysia dazu abgerichtet werden, Orchideen und Früchte von sehr hohen Bäumen zu pflücken. Häufiger als im afrikanischen Urwald dominieren hier ganz bestimmte Pflanzenarten; manche dürften sehr alt sein. Sehr wichtig sind die zahlreichen Arten der Flügelfruchtgewächse *(Dipterocarpaceae)*, die besonders in Indonesien und im tropischen Asien – selbst noch in großen Höhen – vorkommen. Viele dieser Bäume liefern Fette, Harze, Kampfer und wertvolle oder dauerhafte Hölzer.

Das Kulturland spielt heute in dieser Vegetation eine große Rolle. Da wäre zunächst der Teestrauch (*Camellia sinensis* bzw. *assamica*) aus der Familie der Hartheupflanzen zu nennen, dessen ursprüngliche Heimat Oberassam und Oberbirma ist. Seit über 4000 Jahren ist der Reis die wichtigste Kulturpflanze Süd- und Ostasiens und von den Nahrungsmit-

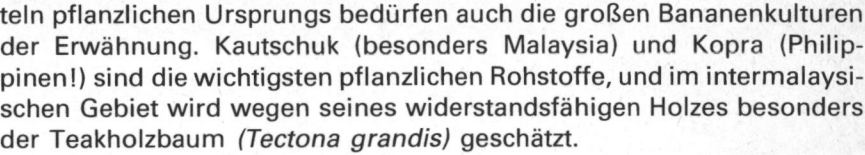

Die Riesenblume (Rafflesia arnoldii) *wächst auf Sumatra und den Philippinen. Sie schmarotzt auf den Wurzeln von Lianen und hat eine der größten bekannten Blüten der Welt (Durchmesser ca. 1 m).*

teln pflanzlichen Ursprungs bedürfen auch die großen Bananenkulturen der Erwähnung. Kautschuk (besonders Malaysia) und Kopra (Philippinen!) sind die wichtigsten pflanzlichen Rohstoffe, und im intermalaysischen Gebiet wird wegen seines widerstandsfähigen Holzes besonders der Teakholzbaum *(Tectona grandis)* geschätzt.

Größer als in den afrikanischen immergrünen Regenwäldern ist die Zahl der Blütenpflanzen im Dschungel. Einige blühen ohne Unterbrechung, andere nur in großen, nicht vorausberechenbaren Zeitabschnitten, manche zu so extrem genauen Zeiten, daß man sie als pflanzliche Uhren verwenden könnte.

Typische Küstengewächse sind die Mangrovenpflanzen, die unterschiedlich widerstandsfähig gegen Salzwasser sind. Die schlickreichen Küstengebiete werden von einer sehr spezialisierten Fauna bewohnt. Hier finden wir Krebse, Strandläufer, Leoparden und den Schlammspringer *(Periophthalmus koelreuteri)*. Diese Fische erklettern gern Mangrovenwurzeln, um hier stundenlang zu ruhen. Sie sind von Ostafrika bis Polynesien verbreitet.

Vorboten der amerikanischen Tropenflora begegnet man bereits in den Sumpfgebieten Floridas. Hier gedeihen Mangrovenpflanzen, die bis Südamerika und Hawaii verbreitet sind. Die größten zusammenhängenden Urwaldgebiete der Neuen Welt liegen im Amazonasbecken. Mehr als 7 Millionen km² sind hier vollständig vom tropischen Regenwald bedeckt. Seine Grenzen liegen im Süden des Mato Grosso, westlich auf den Hängen der Anden in Zentralbolivien und im Süden im nördlichen Argentinien. Nordwestlich geht er über die Ausläufer der Anden bis in den mittleren und nördlichen Teil Kolumbiens und erreicht Venezuela und Guayana. Ein südlicher Teil des Regenwaldes verläuft entlang der Ostküste Brasiliens.

Der heutigen, teilweise spektakulären Vernichtung des Amazonasurwalds mit modernen technischen Hilfsmitteln sollte baldmöglichst Einhalt geboten oder sie wollte wenigstens unter eine bessere Kontrolle gebracht werden. Erfreulicherweise hat sich die Foschung inzwischen bereits besonders mit den Problemen dieses Raumes befaßt. Wissenschaftler schlugen vor, mindestens ein „Dschungelmuster" in allen Gebieten, die entwaldet werden sollen, zu bewahren. Der südamerikanische Regenwald ist, mehr noch als irgendwo anders, ein nicht zu erneuernder Reichtum. Viele vorherrschende Gewächse sind unfähig, auf größeren Kahlschlägen oder abgebrannten Flächen nachzuwachsen; die Samen werden vernichtet, der Boden würde unwiderruflich degenerieren. Im Gegensatz zu den Wäldern gemäßigterer Breiten mangelt es dem amerikanischen Regenwald an Humus. Nur in den noch ungestörten Wäldern ersetzt der Pflanzenabfall den Nährstoffbedarf der vorhandenen.

Der amerikanische tropische und subtropische Regenwald ist der größte natürliche Raum, der uns auf der Erde noch geblieben ist. Er beheimatet zwar nicht allzu viele Tier- und Pflanzenarten, aber seine Beschaffenheit und Weite sind ein Grund dafür, daß er zum großen Teil noch unerforscht blieb. Diese Wälder aber werden von sehr langen Flüssen durchquert, in denen mehr Wassertierarten leben, als im Atlantik jemals gezählt wurden; hier herrschen die unterschiedlichsten Mikroklimata und die erstaunlichsten Gemeinschaften spezialisierter sowie angepaßter Lebewesen. Deshalb beinhaltet die Vernichtung eines auch nur kleinen Teils dieses Gebietes die unumgängliche Ausrottung von Tausenden ortsgebundener Lebewesen.

In der „Grünen Hölle", aus der nur wenige der spanischen Eroberer,

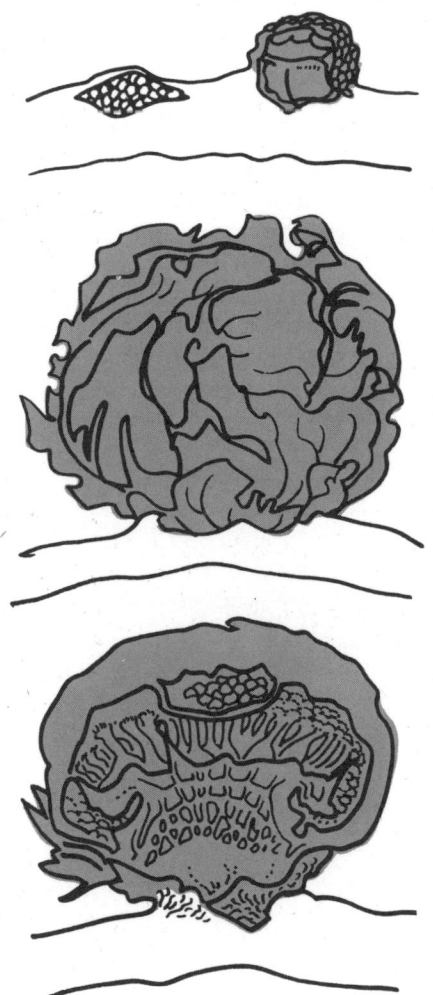

Charakteristisch für den tropischen Regenwald sind die rund 1000 Arten von Aronstab- *(Araceae)* und Ananasgewächsen *(Bromeliaceae). Hierzu gehören u. a.* Philodendrum pertusum *(oben),* Aechmea orlandiana *(Mitte),* Aechmea chantinii *(unten rechts)* und Aechmea bracteata *(unten, links)*

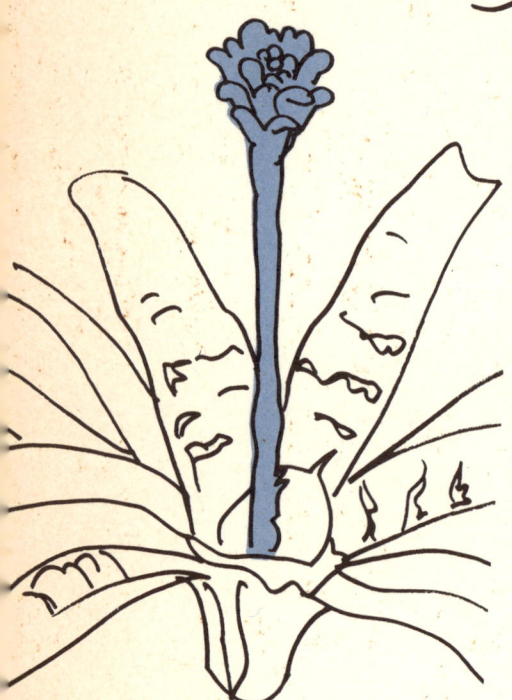

die Konquistadoren, im 16. Jahrhundert wohlbehalten zurückkehrten, erstaunt die Zahl der Epiphyten, Halbschmarotzer und Schmarotzerpflanzen. Sie stellen für die anderen Pflanzen eine Erweiterung und eine Konkurrenz dar. Alexander von Humboldt meinte: „Hier wächst ein Wald auf dem anderen!" Erwähnenswert sind in diesem Zusammenhang die Misteln; sie können in den befallenen Bäumen tumorartige Auswüchse hervorrufen. Ferner gibt es in diesen Gebieten auffallend viele Orchideen. Ungefähr die Hälfte der 17 000 bekannten Arten kommen aus dem südamerikanischen Regenwald. Wichtig für diese Pflanzen ist die Übertragung der Pollenkörner, die von Kolibris und Insekten besorgt wird. Südlich von Panama erfolgt bei ungefähr 10 000 Pflanzenarten die Bestäubung durch Vögel, und viele gedeihen nur, weil sie unter dem Schutz von Ameisen leben. Einige dieser Pflanzen sind noch nie außerhalb der von Ameisen betreuten „Gärten" gesehen worden; die Tiere pflegen auch die unterirdischen Pilzgärten. Entlang der Flußufer, wo Palmen in großer Fülle wachsen, überläßt die berühmte Wasserpflanze Victoria regia mit ihren bis zu 2 m breiten Blättern die Bestäubung ebenfalls einem Tier. Es handelt sich um einen Käfer, der zunächst von der Blüte festgehalten und nach 24 Stunden wieder freigelassen wird.

Typische amerikanische Gewächse sind auch die Bromeliaceen, zu denen die Ananas *(Ananas comosus)* gehört, und die *Tillandsia usneloides,* die als Louisianamoos zum Polstern verwendet wird.

Die Tierwelt

Der afrikanische tropische Regenwald, der eine wesentlich geringere Ausdehnung als der südamerikanische oder der Dschungel Asiens hat, beherbergt weniger Tierarten als diese Gebiete; dies gilt vor allem für die Vögel.

Typische Urwaldbewohner sind die größten aller Herrentiere, die Gorillas. Sie leben in zwei weit voneinander entfernten Gebieten, die Unterart der West- oder Flachlandgorillas in den dichten westafrikanischen Urwäldern in der Nähe des Golfes von Guinea, die Ost- oder Berggorillas im äquatorialafrikanischen Bergland. Auch die Gattung der Schimpansen enthält zwei unterschiedliche Formen. Hier handelt es sich um die Arten des eigentlichen Schimpansen *(Pan troglodytes)*, dessen Verbreitungsgebiet von West- bis Äquatorialafrika reicht, und der wesentlich kleineren Zwergschimpansen *(Pan paniscus)*; sie sind im Kongobecken beheimatet. Während letztere nur linksseitig des Kongo vorkommen, leben die anderen auf der rechten Seite des Flusses. In den feuchten Regenwäldern Westafrikas zwischen Niger- und Kongounterlauf kommen zwei Hundsaffenarten vor, die auffällig gefärbt sind, der Mandrill *(Mandrillus sphinx)* und der Drill *(Mandrillus leucophaeus)*. Insgesamt dürften etwa 30 verschiedene Affenarten in den afrikanischen Wäldern anzutreffen sein. Bekannt sind die Meerkatzen *(Cercopithecus)*, die zwar reine Afrikaner sind, bei denen man jedoch manche Arten in der Savanne findet; die meisten aber sind Charaktertiere der Regenwälder. Überall in dem genannten Lebensraum gibt es auch Mangaben.

Typisch für den afrikanischen Urwald sind die größten aller Herrentiere, die Gorillas.

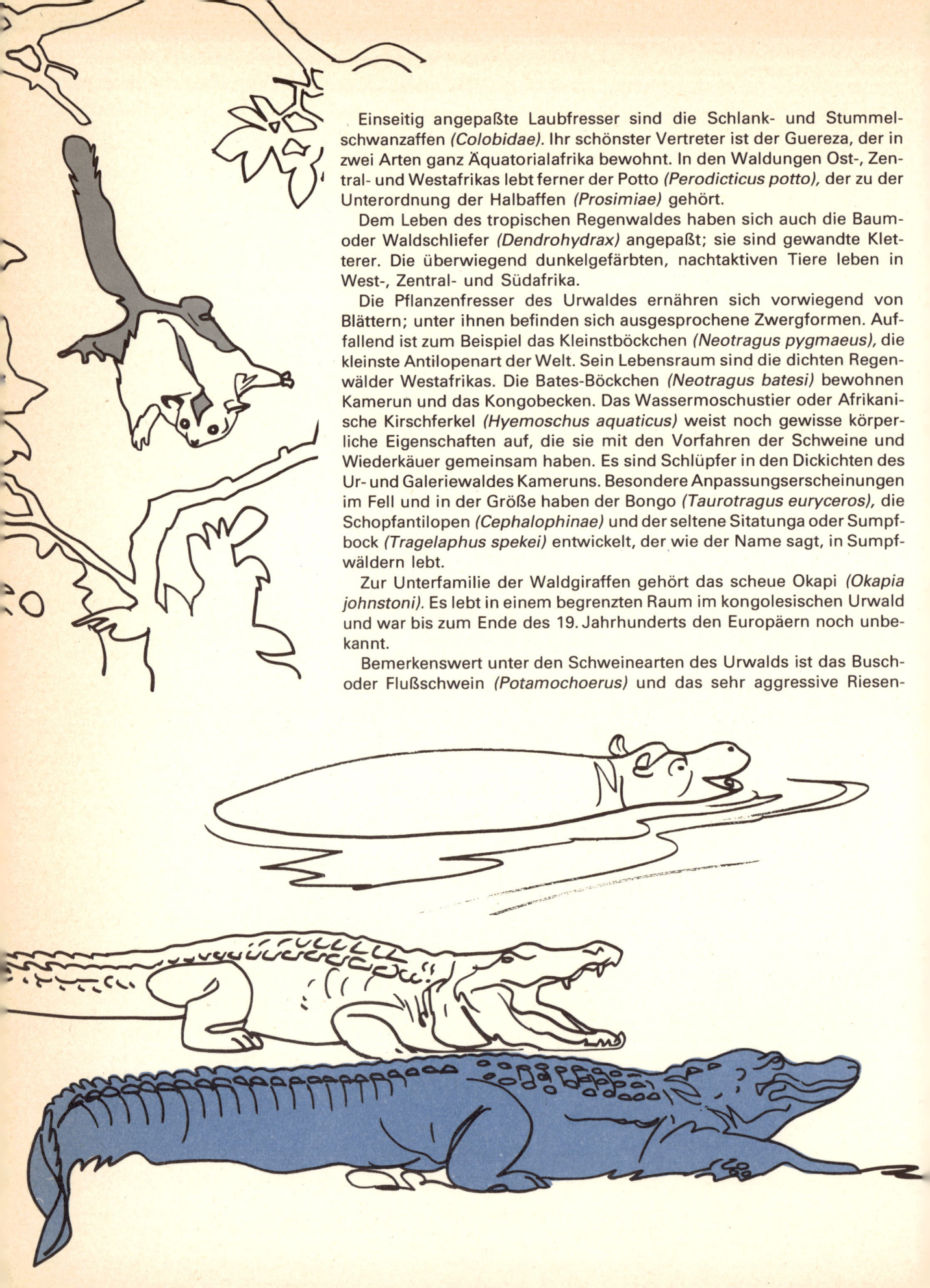

Einseitig angepaßte Laubfresser sind die Schlank- und Stummelschwanzaffen *(Colobidae).* Ihr schönster Vertreter ist der Guereza, der in zwei Arten ganz Äquatorialafrika bewohnt. In den Waldungen Ost-, Zentral- und Westafrikas lebt ferner der Potto *(Perodicticus potto),* der zu der Unterordnung der Halbaffen *(Prosimiae)* gehört.

Dem Leben des tropischen Regenwaldes haben sich auch die Baum- oder Waldschliefer *(Dendrohydrax)* angepaßt; sie sind gewandte Kletterer. Die überwiegend dunkelgefärbten, nachtaktiven Tiere leben in West-, Zentral- und Südafrika.

Die Pflanzenfresser des Urwaldes ernähren sich vorwiegend von Blättern; unter ihnen befinden sich ausgesprochene Zwergformen. Auffallend ist zum Beispiel das Kleinstböckchen *(Neotragus pygmaeus),* die kleinste Antilopenart der Welt. Sein Lebensraum sind die dichten Regenwälder Westafrikas. Die Bates-Böckchen *(Neotragus batesi)* bewohnen Kamerun und das Kongobecken. Das Wassermoschustier oder Afrikanische Kirschferkel *(Hyemoschus aquaticus)* weist noch gewisse körperliche Eigenschaften auf, die sie mit den Vorfahren der Schweine und Wiederkäuer gemeinsam haben. Es sind Schlüpfer in den Dickichten des Ur- und Galeriewaldes Kameruns. Besondere Anpassungserscheinungen im Fell und in der Größe haben der Bongo *(Taurotragus euryceros),* die Schopfantilopen *(Cephalophinae)* und der seltene Sitatunga oder Sumpfbock *(Tragelaphus spekei)* entwickelt, der wie der Name sagt, in Sumpfwäldern lebt.

Zur Unterfamilie der Waldgiraffen gehört das scheue Okapi *(Okapia johnstoni).* Es lebt in einem begrenzten Raum im kongolesischen Urwald und war bis zum Ende des 19. Jahrhunderts den Europäern noch unbekannt.

Bemerkenswert unter den Schweinearten des Urwalds ist das Busch- oder Flußschwein *(Potamochoerus)* und das sehr aggressive Riesen-

Oben: Das Chamäleon ist vorzüglich an das Baumleben angepaßt. Die Füße sind zu wirksamen Klammerorganen umgebildet; die Echsen besitzen einen drehrunden Wickelschwanz als Greiforgan und eine Schleuderzunge für den Beuteerwerb.

Nebenstehende Seite, oben: Die Hörnchen sind echte Baumtiere. Bei der Unterfamilie der Gleithörnchen sind Beine und Füße durch eine breite Gleitflughaut verbunden; Erd- und Baumhörnchen haben keine Flughaut.

Nebenstehende Seite, unten: In den großen Flüssen und Seen Afrikas leben Krokodile und Flußpferde.

waldschwein (Hylochoerus meinertzhageni), das erst zu Anfang dieses Jahrhunderts von dem englischen Offizier Meinertzhagen entdeckt wurde. Es lebt in Familiengruppen, die sich in den unzugänglichen Urwaldgebieten von Liberia bis Tanganjika aufhalten.

Die auffallendsten Fleischfresser, deren Lebensweise größeren zusammenhängenden Waldungen angepaßt ist, sind die Leoparden – die allerdings auch in die Savanne hinausgehen – und kleinere Beutefänger, wie z. B. der Linsang (Poiana), die Zibetkatze (Viverra civetta), eine Mangustenart und mindestens vier der sechs bekannten Galago- oder Buschbabyarten.

Dem Leben im Urwald haben sich mindestens 400 Vogelarten angepaßt. In den Baumkronen leben Turakaos (Musophagidae), Sperlingsvögel, Fruchttauben, Nektarvögel, Webervögel und zahlreiche Papageienarten. Etwas tiefer wohnen die Neuntöter und Trogons. Während sich die Spechte entlang senkrechter Baumstämme bewegen, halten sich Drosseln und Fliegenschnäpper mehr im Unterholz auf. Am Waldboden leben Perlhühner und der seltene Kongopfau (Afropavo congensis). Auch viele Kuckucksarten haben sich dem Leben im Urwald angepaßt.

Zu den typischen Urwaldreptilien gehören die Graue Baumnatter (Thelotornis kirtlandii), die auf Bäumen lebt, und auch sehr giftige Schlangen, wie die ebenfalls baumbewohnende Grüne Mamba und die Gabunviper (Bitis gabonica) sowie Chamäleons, wie z. B. das ostafrikanische Dreihornchamäleon (Chamaeleo jacksoni). Es gibt auch viele lautstarke Frösche; der westafrikanische Goliatfrosch (Giganthorana goliath) ist mit einer Körperlänge von 30 cm der größte der Welt.

Die Tsetsefliege (Glossina palpalis), die in den feuchten Wäldern Mittel- und Westafrikas entlang der Flußläufe vorkommt, ist die Überträgerin der gefährlichen Schlafkrankheit. Charakteristische Urwaldbewohner sind ferner die Wanderameisen der Gattung Anomma und die Termiten. Von allen 2400 Schmetterlingsarten Afrikas lebt der größte Teil im Urwald. Besonders schöne Exemplare sind die Kometenfalter

Grenzen der Verbreitung von Tierarten: die „Wallacelinie'' ist gestrichelt, während die Punktstrichlinie die von Weber ist; gepunktet die „Lydekkerlinie''.

(*Argema mittrei*) Madagaskars, eine der größten Arten der Welt. Nicht zu vergessen und ebenfalls typisch für den Urwald ist die versteckt lebende Tierwelt, von der es unter der Baumrinde, zwischen Blättern und auf dem Boden nur so wimmelt. Hierzu gehören Würmer von 50 cm Länge, Blutsauger, die an Bäumen hängen, Schnecken sowie einzelne Vertreter der Spinnen.

Die Fauna der Insel Madagaskar erinnert an die Überreste eines versunkenen Kontinents. Halbaffen, wie die Eigentlichen Lemuren, der Indri, der Sifaka und das seltene Fingertier, bewohnen hier undurchdringliche Waldungen beziehungsweise Bambusdickichte.

Bei den verschiedenen Tierarten des Dschungels treten typisch asiatische Arten neben andere, die einwandfrei aus Neuguinea oder Australien stammen, auf. Die immaginäre Grenzlinie der asiatischen Tierarten verläuft zwischen den Inseln Bali, Lombok, Borneo und Celebes, den Philippinen sowie den Molukken: die „Wallaceline''. In Wirklichkeit ist diese Linie die Festlandgrenze des Kontinents. Im Westen Australiens und Neuguineas gibt es die „Lydekkerlinie'', eine unsichtbare Grenze für Tierarten aus Guinea und Australien. Die dritte Grenze, die „Weberlinie'', zeichnet ein Gebiet ab, auf dem sowohl asiatische als auch australische Tierarten anzutreffen sind. Die Wissenschaftler, die diese unsichere Grenze festlegten, begründeten sie mit dem Wechsel der Eiszeiten; dieses Phänomen beeinflußte die Höhe des Meeresspiegels. Während einer Eiszeit also tauchten neue Landstriche auf, die Asien und Australien verbanden und einen Tierwechsel in beiden Richtungen ermöglichten. In wär-

Oben: Viele Tierarten des indomalaysischen Dschungels besitzen kleine Häute zwischen den Fingern und Zehen, die ihnen mehr oder weniger weite „Flüge" erlauben.

Unten: Der Kleinkantschil wird nur 20 cm hoch und ist damit der zweitkleinste Wiederkäuer überhaupt; er lebt in Hinterindien, auf Sumatra, Borneo und Java.

meren Zeiten, als das Eis schmolz, hob sich der Meeresspiegel erneut, überflutete die neuen Landstriche und trennte somit die Kontinente und die Inseln voneinander. So sollen auch der Tiger bis nach Bali, der Elefant nach Sumatra und das Nashorn nach Java gelangt sein. Eine endgültige Erklärung ist aber noch nicht gefunden worden. Wir haben auch keine Anhaltspunkte für die Anwesenheit des Leoparden auf Malaysia sowie Java und sein Fehlen auf der dazwischenliegenden Insel Sumatra.

Die geologischen Ereignisse und die Oberflächengestalt dieses Teiles der Erde haben bis heute die Verbreitung und das Überleben vieler Tierarten behindert. Diese Schwierigkeiten gestatteten jedoch andererseits die Entwicklung einmaliger Formen neben den übrigen Tierarten der Alten Welt. Typische Elemente des Dschungels sind die Vielzahl von Amphibien, Reptilien und Wirbellosen, die sich diesem Lebensraum angepaßt haben. Allein auf Borneo gibt es 90 verschiedene Froscharten; über 200 Schlangen- und 150 Eidechsenarten.

Aber auch diese Dschungelgebiete werden zusehends kleiner. Die Vernichtung des tropischen Regenwaldes auf Ceylon z. B. gefährdet das Leben von mindestens 16 Amphibien-, 31 Eidechsen- und 22 Vogelarten.

Der asiatische Dschungel ist reich an verschiedenen Wildrinderarten, wie zum Beispiel dem Gaur *(Bos gaurus)*, dem Banteng *(Bos javanicus)*, der bis Java verbreitet ist, und dem Anoa oder Gemsbüffel *(Bubalus depressicornis)* von der Insel Celebes. Aus dem indischen Wasserbüffel *(Bubalus arnee)* hat sich der zahme Hauswasserbüffel entwickelt.

In Indien sind besonders Antilopen und verschiedene Hirscharten häufig vertreten: die Nilgau- *(Boselaphus tragocamelus)*, die zierlichere Vierhornantilope *(Tetracerus quadricornis)* sowie unter den Hirschen der Barasingha *(Cervus duvauceli)*, der Indische Sambar *(Cervus unicolor)*, der Axishirsch *(Axis axis)* und schließlich der Muntjak *(Muntiacus muntjak)*. Der Kantschil *(Tragulus javanicus)* ist der zweitkleinste Wiederkäuer überhaupt und gehört zur Familie der Hirschferkel.

Der Asiatische Elefant, der vor allem als Arbeitstier bekannt ist, kann sogar schwimmen und hat bereits Meerengen überquert, um neue Landstriche zu bevölkern. Die urtümlichen Nashörner, die schon früher Opfer unsinniger Jagden waren, weil man den Hörnern magische Kräfte zusprach, werden immer mehr zurückgedrängt, so daß die Tiere vom Aussterben bedroht sind.

Einige der künstlerischen Balzplätze der Laubenvögel, die mit Blumen, Beeren, Muschelschalen u. a. geschmückt sind. Dieser Schmuck zeigt einen sehr persönlichen Geschmack; je nach Bauart kann man feststellen, wer der Erbauer ist.

Auf Celebes sowie einigen Nachbarinseln im indonesischen Archipel ist der eigenartige Hirscheber *(Babyroussa babyrussa)* beheimatet, und in den südlichen Himalajastaaten lebt versteckt im Unterholz das nur hasengroße, seltene Zwergwildschwein *(Sus salvanius),* über dessen Leben in freier Wildbahn man nur wenig weiß.

Die bekanntesten Vertreter der Affen sind der Rhesusaffe *(Macaca mulatta),* der Gibbon *(Hylobates)* und der Siamang *(Symphalangus syndactylus).* Der Orang-Utan *(Pongo pygmaeus)* war früher bis Südchina verbreitet; heute leben die letzten wilden Orang Utans nur noch im tropischen Regenwald Sumatras und Borneos. Ihr Lebensraum wird vom Menschen in immer stärkerem Maße eingeengt.

Der prächtig gezeichnete Tiger gilt als der König des Dschungels. Weitere Großkatzen sind der Leopard oder Panther sowie der Indische Löwe aus dem Gir-Forst auf der Halbinsel Kathiawar (Restbestand ca. 50 Tiere).

Es gibt außerdem 500 verschiedene Vogelarten in Indien, 276 in Malaysia sowie über 700 auf Neuguinea und in Queensland; zu diesen gehören u. a. Fasanen und Rebhühner, Pfauen, Spechte, Beos und Fruchttauben. Auf Neuguinea und in Australien zeigen die Paradiesvögel ein auffallendes Balzverhalten, und die Laubenvögel schmücken ihre „Liebeslauben" mit Blumen, Beeren und bunten Holzstückchen. Der Kasuar aus den Wäldern Neuguineas und Australiens kann nicht fliegen und ist ein Beweis für eine frühere Landverbindung zwischen diesen beiden Gebieten.

Besonders giftige Schlangen sind die indischen Kobras und der berühmt berüchtigte Taipan *(Oxyuranus scutellatus)* aus Ostneuguinea und dem tropischen Queensland. Die aggressivsten Tiere unter den Wirbellosen sind die Blutsauger, die auf Bäumen hängen und die Anwesenheit eines Warmblütlers noch in großer Entfernung wittern.

Der südamerikanische Kontinent war mindestens 60 Millionen Jahre lang von anderen Erdteilen getrennt. Die heutige Verbindung mit Nordamerika stammt aus einer noch neueren Epoche. Aus diesem Grund konnten auch nur wenige Tiere, wie zum Beispiel das Opossum, über die Landbrücke von Mittelamerika nach dem Norden gelangen. Die Anwesenheit des Tapirs, der in Mittel- und Südamerika sowie in Südostasien zu finden ist, bestätigt frühere Verbindungen zwischen Südamerika und der Alten Welt.

Die Fauna des immergrünen Regenwaldes hat in diesem Erdteil auch ihre besonderen Merkmale; es fehlen zum Beispiel die großen Menschenaffen und die großen Pflanzenfresser. Die großen Raubtierarten sind nur durch den Jaguar vertreten, während die vielen Insekten die Anwesenheit insektenfressender Säugetiere wie Ameisenbär, Fledermaus, Vampir und ungefähr 40 verschiedene Beutelrattenarten nach sich ziehen.

Die Affen des Urwalds am Amazonas erinnern an die Affen der Alten Welt, aber sie sind nicht miteinander verwandt. Im Gegensatz zu den afroasiatischen Affen, haben diese sechs – anstatt vier – Vorbackenzähne, ihren Daumen können sie nicht abspreizen und den übrigen Fingern nicht gegenüberstellen, die Nasenscheidewand ist breit. Viele Arten haben einen langen Greifschwanz und sind ausgesprochene Baumbewohner. Die Krallenaffen *(Callithricidae)* sind eine primitivere und weniger verbreitete Familie als die aus mehr als 30 Arten bestehende Familie der Kapuzinerartigen *(Cebidae).*

Von den Nagetieren sind besonders der Agutis und die Pakas erwähnenswert. Die Capybara oder das Wasserschwein *(Hydrochoerus hydro-*

chaeris) wird über 1 m lang, wiegt 50 kg und ist das größte, lebende Nagetier. Es bewohnt die waldigen, sumpfigen Gegenden Südamerikas von Kolumbien bis zum La Plata und vom Atlantischen Ozean bis zu den Vorbergen der Anden. Unter den pflanzenfressenden Säugetieren sind die Tapire und die Faultiere hervorzuheben. Das Dreifingerfaultier *(Bradypus)* ist von Honduras bis Nordargentinien verbreitet. Die Tiere scheinen vorzugsweise von den Blüten und Blättern des Cecropiabaumes zu leben.

In den verschiedenen Flußbereichen lebt der Fischotter, während auf dem Festland die Raubtiere meist kleiner sind und eine abwechslungsreichere Nahrung bevorzugen. Erwähnenswert sind die Kleinbären, wie der Nasenbär *(Nasua nasua)* und der Wickelbär *(Potus flavus)* sowie der Tayra *(Eira barbata)*, der dem europäischen Baummarder ähnelt, der Waldhund *(Speothos)* und der Waldfuchs *(Cerdocyon)*. Die hier lebenden Raubtiere sind reine Fleischfresser wie die Wildkatze, der Ozelot und vor allem die größte Katze Amerikas, der Jaguar.

Eine frühere Gebietsgemeinschaft mit den asiatischen und afrikanischen tropischen Regenwäldern besteht bei der Ordnung der Trogons. Bemerkenswerte Vertreter sind der Quetzal *(Pharomachrus moccino)*, der Halsbandtrogon *(Trogon collaris)*, der Kupferschwanztrogon *(Trogon elegans)* und der Veilchentrogon *(Trogon violaceus)*. Letzterer legt seine Nisthöhlen in den Nestern der Papierwespen an; eine einmalige Erscheinung in der Vogelwelt. Der Hoazin *(Opisthocomus hoazin)* ist die einzige lebende Art der Schopfhühner; man könnte sie als lebendes Fossil bezeichnen.

In den Baumkronen leben die Fliegenschnäpper und Kolibris sowie

Der Reichtum an Wasserläufen und Sumpfgebieten veranlaßte, besonders in den amerikanischen Regenwäldern, immer mehr Tiere zum Baumleben überzugehen. Dies erklärt auch die Vielzahl der Vogelarten, die hier – häufiger als anderswo – vorkommen.

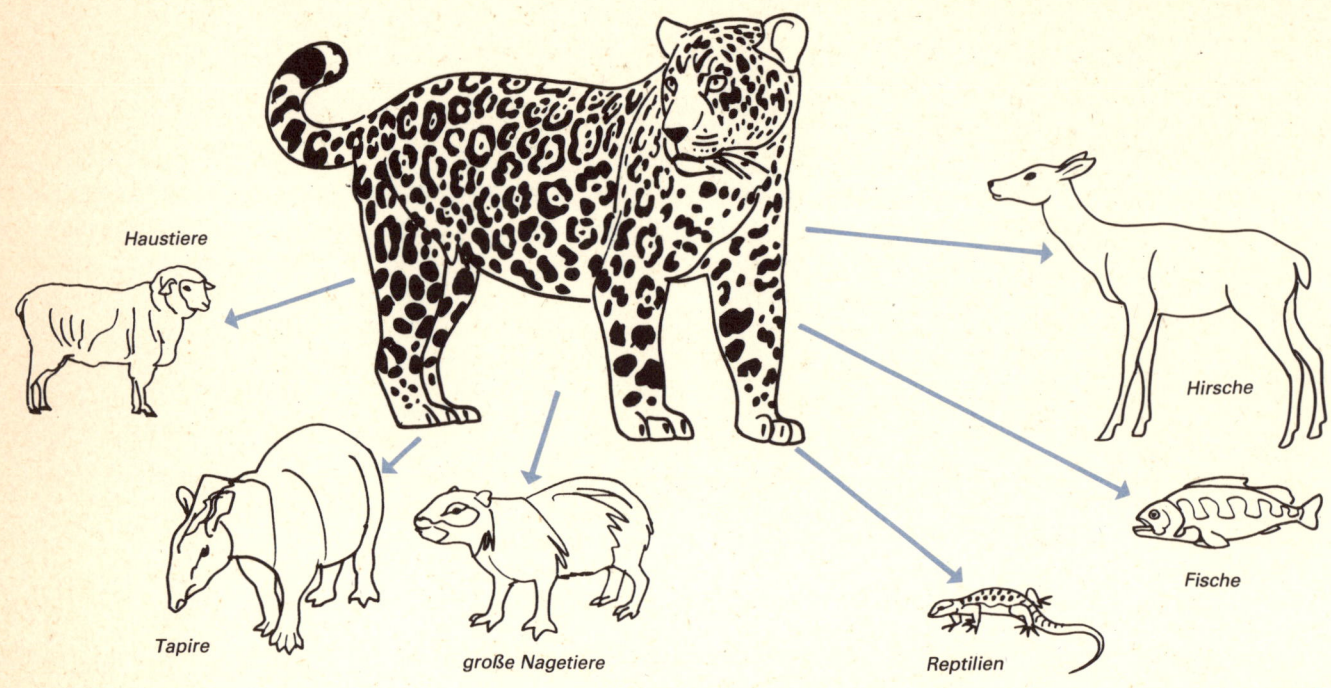

Haustiere

Hirsche

Tapire

große Nagetiere

Reptilien

Fische

Die bevorzugte Nahrung des Jaguars.

rund 600 Arten, die sich von Früchten ernähren, wie die Tangaren *(Thraupidae)*, Tukane *(Rhamphistidae)*, Tyrannen und Papageien. Auf der mittleren Ebene im Urwald findet man weitere Arten von Tyrannenvögeln, Faulvögel *(Bucconidae)*, Kuckucke sowie mindestens 15 Arten wunderschön gefärbter Glanzvögel *(Galbulidae)* und die Spechte. Im dichten Unterholz leben Töpfervögel *(Furnariidae)*, auf dem Waldboden die Pittas und Ameisenvögel *(Formicariidae)*, außerdem Hokkos und Steißhühner *(Tinamidae)*. Über die immergrünen Wälder fliegen Schopfadler *(Lophoaetus occipitalis)* und verschiedene Falkenarten.

Im südamerikanischen Regenwald finden wir auch zahlreiche Reptilien, wie die Hundskopfboa *(Corallus caninus)*, die Abgottschlange *(Boa constrictor)*, die Gartenboa sowie die größten aller Schlangen, die Anakondas und die giftigen Korallenschlangen *(Micrurus)*, deren bunte Färbung von vielen, nicht sehr giftigen oder gar harmlosen Schlangen nachgeahmt wird.

Die Echsen, zu denen auch viele ausschließlich pflanzenfressende Arten gehören, haben sich sogar dem maritimen Klima der Galapagosinseln angepaßt. Nur wenig erforscht sind die Blindwühlen *(Gymnophiona)*, die eine unterirdische Lebensweise führen. Eine große Zahl bunter Amphibien, wie die Vertreter der Gattungen *Dentrobates* und *Phyllobates* haben sich dem Leben auf Bäumen angepaßt.

Die zahlreichen Schmetterlinge – hiervon leben allein 1500 Arten auf den Antillen – zeigen eine überraschende Vielfalt an Flügelformen und Färbungsmustern. Ein besonders schöner Falter ist wegen seiner einzigartig schillernden Blaufärbung der *Morpho anaxibia* aus dem Amazonasgebiet.

Gorilla

Die Wissenschaft hat erst in letzter Zeit aufgrund eingehender Beobachtungen die Lebensgewohnheiten dieses größten aller Menschenaffen genauer erforscht. Viele früheren Schilderungen erwiesen sich damit als Jägerlatein. Noch vor wenigen Jahrzehnten gingen Gerüchte um, daß Gorillas Frauen aus den afrikanischen Dörfern rauben würden, daß sie Menschen bei einer tödlichen Umarmung das Rückgrat gebrochen hätten und daß nur das Krokodil sie beim Durchschwimmen der Flüsse überfallen könne.

In neueren Berichten wird dagegen zweifelsfrei festgestellt, daß der Gorilla ein ausgesprochener Pflanzenfresser ist und dem Menschen im allgemeinen aus dem Weg geht. Auch durchschreitet er Wasserläufe nur an entsprechend niederen Stellen oder überquert sie, indem er Baumstämme als natürliche Brücken benutzt. Nur in die Enge getriebene oder verwundete Tiere wehren sich, beißen oder schlagen den Angreifer; den gefährlichen Unhold gibt es nicht.

Der Tagesablauf dieser großen und starken Tiere verläuft ruhig. Jede Familiengemeinschaft wird von einem alten Männchen mit silbergrauem Rücken geführt. Es übernimmt gleichzeitig auch die Rolle des Familienoberhauptes. Einzelne fremde Gorillas oder zufällig sich begegnende Rudel können sich ohne weiteres einer anderen Gorillahorde anschließen. Der Gorilla pflegt seine Auseinandersetzungen nie mit Gewalt

Wissenschaftlicher Name: *Gorilla gorilla*
Größe: 1,25–1,75 m (Standhöhe); Gewicht Weibchen bis 140 kg, Männchen 275 kg.
Vermehrung: Nach 8½monatiger Schwangerschaft wird ein Junges geboren; bleibt bis zum 3. Lebensjahr bei der Mutter.
Nahrung: Ausschließlich Pflanzenstoffe.
Lebensraum: Äquatorialafrika.
Lebenserwartung: Bis 40 Jahre.

Gorillas sind reine Vegetarier; dieses Junge knabbert an einer Knospe.

auszutragen. Seine „Tätlichkeiten" bestehen aus einem furchterregenden Gebrüll, widerhallendem Beklopfen der Brust und strengen Blicken für den Gegner. Mit seinem Imponiergehabe versucht er, dem Gegner Angst einzujagen. Ein weiteres Zeichen für das friedliche Wesen des Gorillas ist der absolute Mangel an Eifersuchtsgefühlen gegenüber den Weibchen seiner Horde und die grenzenlose Geduld gegenüber Jungtieren.

Die meisten Gorillas leben in den dichten westafrikanischen Urwäldern in der Nähe des Golfes von Guinea; sie bilden die Unterart der Flachlandgorillas *(Gorilla gorilla gorilla).* Die andere Unterart, der Berggorilla *(Gorilla gorilla beringei),* bewohnt das zentralafrikanische Bergland zwischen Eduard- und Kiwusee; sie ist noch in Höhen bis zu 3500 m zu finden.

Oben: Es werden zwei Unterarten unterschieden: der Ost- oder Berggorilla, der hier abgebildet ist, und der West- oder Flachlandgorilla. Beide leben in Zentralafrika in weit voneinander entfernten Gebieten.

Nebenstehende Seite: Der Gorilla ist der größte und schwerste Menschenaffe.

34

Schimpanse

In seinem Verhalten ist der Schimpanse der menschenähnlichste aller Menschenaffen. Dieses analoge Verhalten in bestimmten Situationen und Empfindungen lieferte Stoff für viele Legenden. So zweifeln z. B. die Pygmäen nicht daran, daß ihr Gott Khmwum bei seinen Erkundungen als Schimpanse getarnt über den Regenbogen zur Erde heruntersteigt.

Schimpansen besitzen viele erstaunliche Eigenschaften: sie sind äußerst lernfähig, können sich mit Gesten verständigen und besitzen eine hohe soziale Ordnung sowie eine besonders große Anpassungsfähigkeit. Sie sind imstande, die verschiedensten Werkzeuge bzw. Hilfsmittel richtig einzusetzen, verzeichnen in der Gruppe gemeinschaftliche Erfolge und können Gedankengänge vollziehen.

Alle diese Verhaltensweisen wurden durch Wissenschaftler sehr eingehend beobachtet und getestet. Die Untersuchungen erstrecken sich sowohl auf Schimpansen in der freien Natur als auch auf Tiere, die in Gehegen gehalten wurden. Nun erhebt sich die Frage, wieso die Intelligenz der Schimpansen auch in ihrem natürlichen Lebensraum so ausgeprägt ist.

Fest steht, daß die meisten Schimpansen vor langer Zeit von der Savanne, die einen Lebensraum voller Anregungen bietet, in den Wald geflüchtet sind. Die Anzeichen ihrer heute noch so hohen Intelligenz sind das Überbleibsel einer „Kulturtradition". Tatsächlich können savannen-

---

Wissenschaftlicher Name:
Pan troglodytes
Größe: Weibchen bis 1,30 m, Männchen bis 1,70 m; Gewicht bis 75 kg.
Vermehrung: Nach etwa 8monatiger Schwangerschaft wird ein Junges geboren und 2–3 Jahre gestillt.
Nahrung: Vorwiegend Pflanzenstoffe, aber auch Insekten und deren Larven, Antilopen-, Pavianjunge.
Lebensraum: Tropischer Regenwald bis in 3000 m Höhe, aber auch Savannengebiete von West- bis Zentralafrika nördlich des Kongos.

Oben: Der Schimpanse läuft auf dem Boden mit gesenktem Kopf, gekrümmtem Rücken und auf allen vieren.

Nebenstehende Seite: Typischer Gesichtsausdruck eines Schimpansen, dessen Mimik der des Menschen ähnelt.

bewohnende Schimpansen z. B. länger aufrecht gehen als die des Urwalds. Auch greifen Urwaldschimpansen ihren „Erzfeind", den Leoparden, nicht wirklich an; sie können jederzeit in das Geäst der Bäume entfliehen. In der baumarmen Savanne jedoch verstehen sie es, Stöcke als Angriffs- und Verteidigungswaffen gezielt einzusetzen.

Die Jagdpartien der Schimpansen auf Antilopen- oder Pavianjunge bringen Abwechslung in ihre sonst vegetarische Ernährung aus Früchten, Samen, Blüten, Blättern und Knospen. Der Schimpanse führt kein ausgesprochenes Familienleben. Die Gruppen sind weitaus weniger beständig als bei den anderen Affenarten. Nur zwischen dem Muttertier und ihrem Jungen ist eine starke Bindung vorhanden. Sie löst sich erst nach dem fünften Lebensjahr und bleibt manchmal bis ins Erwachsenenalter bestehen. Wenn sie sich treffen, begrüßen sie einander mit einem Ritual von Küssen, Umarmungen und durch Handausstrecken.

In der Schimpansengemeinschaft herrscht dennoch eine gewisse hierarchische Ordnung. Das erfahrenste Männchen setzt seine führende Stellung mit einem Imponiergehabe durch. Es führt einen scheinbar wilden Tanz auf und zerstört dabei alles in seiner Reichweite, wie Büsche oder kleine Bäume. Diese Ausbrüche dauern aber nicht sehr lange; bald leben alle Familienmitglieder wieder friedlich zusammen.

Zur Zeit laufen Versuche, um Möglichkeiten einer Kommunikation zu finden. Die beste Hilfe ist eine Art Taubstummensprache, die den natürlichen Ausdrucksbewegungen der Tiere angepaßt ist. So lernte ein Schimpanse eine Vielzahl von „Begriffen" dieser Sprache zu unterscheiden und sie im Umgang mit seinem Pfleger richtig anzuwenden.

Oben: Die Fingerknöchel des Schimpansen sind von kräftigen Hornschwielen bedeckt, auf denen er beim „vierfüßigen" Gehen läuft.

Nebenstehende Seite: Die Ähnlichkeit zwischen Schimpansen und Menschen erstreckt sich auch auf verschiedene Verhaltensweisen. Dieser junge Schimpanse lutscht am Daumen wie ein Menschenkind.

Katta

Wissenschaftlccher Name: *Lemur catta*
Größe: 50 cm; Schwanzlänge 50 cm.
Vermehrung: Nach 3monatiger
Schwangerschaft werden 1–2 Junge
geboren, die 5 Monate gesäugt werden.
Nahrung: Saftige Früchte (Bananen,
Feigen); Feigendisteln.
Lebensraum: Felsige Gegenden im
Südwesten Madagaskars.

Einen Katta in seiner natürlichen Umgebung zu beobachten ist nur auf Madagaskar möglich; die große Insel löste sich vor ungefähr 50 Millionen Jahren vom afrikanischen Kontinent.

Vor rund 60 Millionen Jahren bevölkerten die Kattas sowohl Europa als auch Nordamerika. Heute ist ihre Verbreitung auf diese Insel im Indischen Ozean beschränkt. Doch hatte die Trennung Madagaskars vom benachbarten afrikanischen Kontinent auch den Vorteil, daß die später sich entwickelnden höheren Säugetierformen nicht mehr auf die Insel gelangen und den Halbaffen so Lebensraum streitig machen konnten. Der Katta hat sich daran gewöhnt, in der Trockenperiode am Rande der Wälder zu leben und seinen Wasserhaushalt stark zu reduzieren. Als „Ersatz" ernährt er sich von saftigen Früchten (Feigen und Bananen). Gern lebt er in Gruppen von fünf und mehr Tieren, wobei die Mehrzahl in der Regel Männchen sind. Bei kühlem Wetter wärmen sich die Tiere gegenseitig. Die Sterblichkeitsrate der Jungtiere wird niedrig gehalten, da alle erwachsenen Tiere sich an ihrer Fütterung beteiligen. Im Alter von einem halben Jahr sind diese dann selbständig. Die jungen Kattas bilden Altersgruppen; Waisenkinder werden ohne Schwierigkeit von der Kattagruppe, die sie als erste findet, „adoptiert".

Diese Vertreter der Gattung Echte Makis (Lemur) gelten als „Sonnenanbeter". Nicht selten sitzen sie mit ausgebreiteten Armen und Beinen re-

Kattas sitzen gern mit ausgebreiteten Armen regungslos in der Sonne.

gungslos auf einer Stelle und sonnen sich. Geruchssinn und Gehör der Kattas sind sehr gut entwickelt. Sie besitzen an der Innenseite des Unterarms Drüsen, die eine stark riechende Flüssigkeit absondern, mit der sie sowohl ihr Revier als auch alle fremden Gegenstände in diesem kennzeichnen. Der Katta gehört zu den wenigen Lemuren, die sich verhältnismäßig gut vermehren. Die Erhaltung seiner Art ist somit vom immer größer werdenden Fortschritt Madagaskars, was auch die Zerstörung des Urwalds durch Rodungen zur Folge hat, nicht so stark bedroht.

Die madagassische Regierung, die um die Erhaltung der Lemuren besorgt ist, erklärte vor nicht allzu langer Zeit die Insel Nossi Mangali als Nationalpark für Halbaffen. Nossi Mangali ist nicht nur vom Urwald völlig bedeckt, sondern zudem fast unbewohnt. In diesem Tierparadies findet man auch den kleinsten Halbaffen, den Mausmaki *(Microcebus murinus).* Seine Körperlänge beträgt etwa 13 cm, und er wiegt ungefähr 50 g.

Der Katta ist ein Bodenbewohner; er läuft meist mit erhobenem Schwanz.

Leopard

Wissenschaftlicher Name:
Panthera pardus
Größe: Bis 1,50 m;
Schwanzlänge bis 95 cm.
Vermehrung: Nach 3monatiger
Schwangerschaft kommen 2–4 Junge
zur Welt, von denen meist nur
2 überleben.
Nahrung: Fleischfresser (in Afrika vor
allem Antilopen, Ziegen, Schafe, Affen,
Warzenschweine; in Asien Hirsche,
Büffel, Wildrinder).
Lebensraum: Regenwälder und Trocken-
savannen Afrikas; große Teile Mittel-
und Südasiens.

*Oben: Mit gewandten und behenden
Bewegungen beschleicht der Leopard seine
Beute, um sie dann mit mächtigen Sätzen zu
ergreifen.*

*Nebenstehende Seite: Ein Schneeleopard
(Uncia uncia) liegt in einer Astgabel auf der
Lauer; seine Beute ergreift er im Sprung.*

Der Leopard oder Panther ist von allen Großkatzen am weitesten verbreitet. Auf der lehmgelben Grundfärbung stehen schwarze, rosetten-
artig angeordnete Flecken von Erbsen- bis Walnußgröße. Der Leopard
bewohnt die verschiedensten Lebensräume. So kann auch die Fellfärbung variieren; die in Afrika lebenden Steppenleoparden besitzen ein
helles Fell, und sie unterscheiden sich so vom Waldleoparden, der grau-
braun gefärbt ist. Beim indischen Leoparden findet man oft „Schwärz-
linge", die in den Zoologischen Gärten „Schwarze Panther" genannt
werden. In Afrika leben Leoparden in den Trockensavannen und den
Regenwäldern. In Asien ist der Leopard ein Jäger des Dschungels. Beim
afrikanischen Leoparden bilden Warzenschweine, Antilopen, Affen,
Ziegen sowie Schafe die Hauptnahrung, während der asiatische lieber
Hirsche, junge Büffel und Wildrinder jagt. Auch beschleicht er gern die
Haustierherden, und deshalb fürchten ihn die Viehzüchter sehr. Doch
selbst der Mensch ist nicht sicher vor ihm. Der Leopard scheut sich nicht,
in Hütten und Dörfer einzudringen.

Der Löwe greift den Leoparden verhältnismäßig oft an, tötet und frißt
ihn. Die Schimpansen, die im Dschungel vor dem Leoparden fliehen,
wehren sich in der Savanne oft erfolgreich und gehen sogar mit Hilfe von
Steinen und Stöcken zum Angriff über.

Der Leopard ist nachtaktiv. Am Tage ruht er oft auf Baumästen, auf

denen er sich auch mit großer Geschicklichkeit bewegt und von wo er sein Jagdrevier bequem beobachten kann. Er unternimmt aber auch nicht selten Ausflüge ins Gebirge bis über die Schneegrenze hinaus. Auf dem Kilimandscharo liegt in einem Gletscher in 5000 m Höhe ein Leopard begraben; auf diese Weise ist er durch Hemingways Novelle „Der Schnee vom Kilimandscharo" in die Weltliteratur eingegangen.

Das Fell des Leoparden, das im Käfig des zoologischen Gartens so schön und auffällig wirkt, dient ihm in freier Wildbahn zur vollkommenen Tarnung. Im Schattenspiel des Waldes und wenn er in der hell erleuchteten Savanne umherschleicht, ist er kaum zu entdecken.

Diese gewandte Raubkatze liebt keine großen örtlichen Veränderungen und verläßt nur selten eine 10 km² große Fläche ihres Reviers. Sie durchkämmt es auf bestimmten Pfaden, und mit Kratzern an Bäumen oder durch Harnspritzen bzw. Kotablage markiert sie die Grenzen. Die Weibchen besitzen ein eigenes Revier, das sich manchmal mit dem des Männchens überschneidet. Fremde männliche Tiere, die zufällig ins Revier eingedrungen sind, werden eine Zeitlang geduldet. Leoparden sind, abgesehen von der Paarungszeit, Einzelgänger.

Die Jungen werden in der Regel in einer Baum- oder Felshöhle, unter den Wurzeln eines starken Baumes oder im dichten Gestrüpp geboren. Bald gehen sie mit dem Muttertier auf Jagd.

Der Leopard ruht tagsüber gern auf Bäumen. Meist geht er erst in den Abend- und Nachtstunden auf Beutefang.

Flußpferd

Nach einer Legende soll das Flußpferd früher ein reiner Landbewohner gewesen sein. Als es aber wegen seines häßlichen Äußeren von allen verspottet wurde, bat es eines Tages den lieben Gott, im Wasser leben zu dürfen. Dieser war um die dort lebenden Fische besorgt. Das Flußpferd versicherte ihm, es wolle sich auch weiterhin nur von Gras ernähren und seine Exkremente mit dem Schwanz so verteilen, daß jeder sehen könne, daß keine Fischgräten dabeiseien.

Flußpferde leben tagsüber im flachen Wasser oder auf Sand- und Schlammbänken. Auch suhlen sie sich gern in Tümpeln und Schlammlöchern in der Nähe der Seen. Bei Störungen tauchen sie rasch unter und schwimmen zu geschützteren Orten. Dabei können sie bis zu sechs Minuten mit verschlossenen Ohren und Nasenöffnungen unter Wasser bleiben. Nachts verlassen sie das Wasser und steigen stets an der gleichen Stelle ans Ufer, um Gräser oder Kräuter zu äsen. Auch ihre Wechsel sind genau festgelegt; sie reichen oft mehrere Kilometer landeinwärts. Dabei setzen die älteren Bullen an bestimmten Stellen ihren Kot und Harn zur Markierung ab. Ihre Ausscheidungen verstreuen sie mit dem umherwirbelnden Schwanz und spritzen sie oft meterweit in die Umgebung. Ein gleiches Verhalten zeigen sie beim Zusammentreffen mit einem Weibchen während der Paarungszeit, während diese und die rangniederen Männchen ihren Kot einfach fallen lassen.

Wissenschaftlicher Name:
Hippopotamus amphibius
Größe: 4,50 m; Schulterhöhe bis 1,65 m; Gewicht bis 3200 kg.
Vermehrung: Nach 8monatiger Schwangerschaft kommt 1 Junges im Wasser zur Welt; sein Gewicht beträgt 24–45 kg; Säugezeit 10 und mehr Monate.
Nahrung: Schilf, Wasserpflanzen, Gräser.
Lebensraum: Afrikanische Flüsse, Seen und Sumpfgebiete südlich der Sahara.
Lebenserwartung: 20 Jahre; Höchstalter 45 Jahre.

Das Reich der Flußpferde sind die afrikanischen Flüsse, Seen und Sumpfgebiete südlich der Sahara. Wenn die Flüsse genügend Wasserpflanzen aufweisen, ähnlich wie eine ländliche Weide, braucht das Flußpferd praktisch das Wasser nicht zu verlassen. ·

Das Flußpferd ist ein Vorbild an Toleranz. Im Wasser lebt es auf engem Raum mit anderen Artgenossen zusammen. Es wurden schon Herden bis zu 100 Tieren beobachtet, auch wenn sie meist nur in Gruppen von 10 Individuen zusammenleben. Diese Toleranz hört während der Paarungszeit auf. Die Zweikämpfe der Bullen enden oft tödlich. Das Muttertier hält alle Krokodile fern, mit denen es ansonsten das ganze Jahr über friedlich zusammengelebt hat; die umsorgten Jungtiere wären wohl in einem zu großen Maße gefährdet.

Auf dem Rücken der Dickhäuter halten sich Kuhreiher und andere Vögel auf; sie säubern sie von Parasiten. Wasserschildkröten und bestimmte kleine Fische haben eine ähnliche Aufgabe unter Wasser.

Zu den Besonderheiten des Flußpferds gehört unter anderem das rötlichbraune, salzige und klebrige Sekret, das die zahlreichen Hautdrüsen während eines längeren Landaufenthaltes absondern. Früher wurde es als „Blutschweiß" gedeutet. Heute weiß man, daß dieses Sekret dem Schutz der Haut dient, wenn diese direkt der Luft und der Sonneneinstrahlung ausgesetzt ist.

Auch das Aufreißen des Rachens wurde lange Zeit als Gähnen gedeutet. Doch meist bedeutet es ein ernsthaftes Drohen. Dadurch werden dem Gegner die furchterregenden Eckzähne gezeigt. Oft reicht dieses Imponiergehabe bereits aus, die Begegnung zu entscheiden.

Zwei fressende Flußpferde. Der große Kopf dieser Tiere ist breit, flach und endet mit einem riesigen viereckigen Maul; er kann bis zu 200 kg wiegen.

Warzenschwein

Das Warzenschwein ist von allen Tieren, die in Afrika leben, wohl das häßlichste. Es hat eine breitausgezogene Schnauze, die von 10–15 cm langen Warzengebilden umgeben ist, und mächtige, nach oben gebogene Hauer sowie durch Hautfalten vorgetäuschte, große Tränensäcke.

Das Warzenschwein ist dennoch ein interessantes Tier. Es bewegt sich elegant auf verhältnismäßig hohen und zierlichen Beinen und hält sich vorwiegend in der Nähe von Gewässern auf. Es hat den ausgeprägten Sinn für ein gesellschaftliches Verhalten. Ein Beweis hierfür ist die offensichtliche Zuneigung zwischen den einzelnen Familienmitgliedern und die vielen Freundlichkeiten, die die Tiere in der Gruppe austauschen.

Warzenschweine können gut wühlen. Nachts verstecken sie sich in großen, unterirdischen Höhlen, meist verlassenen Erdferkelbauten. Diese betreten sie, indem sie sich rückwärts rutschend, in die Gänge schieben und somit ihren bewaffneten Kopf zum Ausgang gerichtet haben. Zum Fressen knien die Warzenschweine auf die Handbeugen nieder und rutschen, mit den Hinterläufen nachstemmend, auf den dicken Schwielen vorwärts.

Das Warzenschwein ist eines der mutigsten Tiere Afrikas. Wenn es keinen Ausweg mehr sieht, zögert es nicht, selbst Leoparden, Löwen oder Hyänenhunde anzugreifen. Trotzdem werden Jungtiere oft eine Beute dieser Angreifer.

Wissenschaftlicher Name:
Phacochoerus aethiopicus
Größe: 1,50–1,90 m; Schulterhöhe bis 85 cm; Gewicht bis 150 kg.
Vermehrung: Nach 3monatiger Schwangerschaft werden 2–4 Junge in Erdferkelbauten geboren, die ein Jahr lang bei der Mutter leben.
Nahrung: Vor allem Gräser.
Lebensraum: Afrikanische Savannenlandschaften, lichte Buschsteppen, auch Dschungelgebiete.
Lebenserwartung: 10–12 Jahre.

Warzenschweine wirken auf das menschliche Auge ausgesprochen häßlich. Der kurze Hals trägt einen massigen Kopf mit einer breit ausgezogenen Schnauze. Die Mähne besteht aus langen, herabhängenden borstigen Haaren; ansonsten ist der Körper nur spärlich behaart.

47

Buschbock

Wissenschaftlicher Name:
Tragelaphus scriptus
Größe: Körperlänge bis 1,50 m;
Schulterhöhe bis 1 m.
Vermehrung: Nach ungefähr 7monatiger
Schwangerschaft wird bei der ersten
Geburt nur ein Junges und bei den
weiteren 2 Junge geboren.
Nahrung: Zarte Blätter, Knospen,
Beeren.
Lebensraum: Walddickichte und dichtes
Buschwerk in Wassernähe; Afrika
südlich der Sahara.
Lebenserwartung: 12–15 Jahre.

*Der Buschbock lebt in Walddickichten,
dichtem Buschwerk und Galeriewäldern
südlich der Sahara. Das Wasser spielt eine
große Rolle im Leben dieses Tieres. Darin
verbringt er die heißesten Stunden des Tages
und findet Zuflucht bei Gefahr.*

Seit Mai 1977 ist in Kenia jede Art von Wildjagd aufgrund eines Regie-
rungserlasses verboten. Diese Entscheidung bedeutet das Ende kostspie-
liger Safaris, keine erbeuteten Jagdtrophäen mehr und kein Erinnerungs-
photo an erlegte Tiere. Alle Tiere dieses Gebietes werden einen Nutzen
davon haben. Diese schöne Antilopenart, der Buschbock, bewohnt
Wälder, Dickichte in Flußnähe sowie Buschgebiete mit dichtem Unter-
wuchs. Geschickt schlüpft er durch das deckungsreiche Gelände; er ist
in Afrika südlich der Sahara verhältnismäßig weit verbreitet. Aufgrund
zahlreicher Unterschiede in Größe, Färbung und Zeichnung unterscheidet man heute über 20 Unterarten. Die scheuen Tiere sind hauptsächlich nachtaktiv; sie leben einzeln oder in kleinen Gruppen. Jedes
Männchen und Weibchen beansprucht für sich ein Territorium von etwa
2 ha Größe, das an Gemeinschaftsplätze anschließt, wo sich die Tiere zu
einer bestimmten Zeit zusammenfinden. Die kleineren Weibchen sind
hornlos, die Hörner der Männchen leierartig.

Lange Zeit wurde auch der Bongo *(Taurotragus euryceros)* wie der
Buschbock zu den Drehhornantilopen gerechnet. Da jedoch auch die
Weibchen recht stattliche Hörner tragen, dürfte nach dem neuesten Stand
der Wissenschaft der Bongo zu Recht den Elenantilopen *(Taurotragus)* zu-
geordnet worden sein. Seine Hörner werden bis zu 1 m lang. Ähnlich wie
der Buschbock hält er sich vorwiegend in Gebieten mit dichtem Unterholz

auf. Er bevorzugt die Bambusdickichte entlang kleinerer Flußläufe. Sein Lebensraum reicht von Westafrika bis nach Kenia und Uganda. Sein Fell ist leuchtend kastanienbraun mit 14–15 gelblichweißen Querstreifen auf dem Rumpf.

Der Bongo gilt als die schönste aller Antilopen. Es wäre bedauerlich, wenn man bald nur noch in der Fabel von ihm hören würde. Hierzu gehören die Erzählungen von Jägern aus dem vorigen Jahrhundert über tödlich getroffene Bongos, die bis zum letzten Atemzug den duftenden Ingwer gierig verzehrten, oder die der Pygmäen, die versichern, daß diese Tiere sich mit den Hörnern an Zweigen aufhängen sollen, um sich dann von oben auf den Jäger fallen zu lassen.

Der scheue Buschbock hat ein rötliches, von weißen Flecken unterbrochenes Fell. Doch kann die Färbung und Zeichnung sehr unterschiedlich sein; es gibt mehr als 20 Unterarten.

Webervögel

Wissenschaftlicher Name:
Familie *Ploceidae*
Größe: 8–24 cm.
Vermehrung: 2–6 Eier (bläulich oder weiß) in einem kunstvollen Nest, meist mit Eingangsöffnung am unteren Ende.
Nahrung: Grassamen, Insekten.
Verhalten: Gesellig; führen meist keine jahreszeitlich bedingten Wanderungen aus.
Lebensraum: Vorwiegend Savanne und Steppe (Büsche, Bäume, Hochgräser); auch Kulturland, Ortschaften in Afrika und südlich der Sahara.

Die oft recht komplizierten Nester der Webervögel sind meist kugelig oder flaschenförmig. Sie werden im allgemeinen vom Männchen angelegt.

Die meisten Webervögel leben in Afrika südlich der Sahara. Ihre Nester, die zuweilen mehrere Jahre überdauern, zieren in besonderer Weise die Bäume Mittelafrikas, aber auch im südlichen Asien. Nicht selten nisten die Vögel in großen Kolonien. Die Kunstfertigkeit, mit der sie ihre Behausungen aus Pflanzenfasern, Spinnweben, Federn oder Wolle anfertigen, ist beeindruckend. Die Nester sind kugelig oder flaschenförmig und oben fast immer geschlossen. Die Einschlüpfe befinden sich meist am unteren Ende, haben eine längere Eingangsröhre und teilweise auch eine innere Unterteilung.

Die Eigentlichen Weber (Unterfamilie *Ploceinae)* bauen besonders komplizierte Behausungen. Von den 68 Arten leben nur fünf im südlichen Asien. Sie verzehren Grassamen und Insekten. Ihr Brutkleid ist meist sehr farbenprächtig, wobei die vorherrschenden Töne Gelb, Gelbgrün, Rotbraun und Schwarz sind. Rotschwarz gefärbt sind die Prachtweber (*Malimbus);* sie bewohnen den afrikanischen Urwald.

Die Goldweber (*Ploceus galbula)* bauen hängende Beutelnester, die nach oben hin konisch und unten halbkugelig sind. Die Vögel nähern sich auch zutraulich dem Menschen und leben in Dörfern und Siedlungen. Da die Eingeborenen in den Nestern kleine Tonstückchen fanden, glaubten sie, die hübschen Vögel würden daran Leuchtkäfer aufhängen, um die Nacht zu erhellen.

Bülbül, Haarvogel

Es gibt 119 Arten der Bülbüls *(Pycnonotidae)*, und viele von ihnen sind wegen ihres angenehm klingenden Gesanges beliebt. Ihre Hauptnahrung sind reife Früchte und Insekten.

Der Graubülbül *(Pycnonotus barbatus)*, der als einer der besten Sänger gilt, ist im nördlichen und nordöstlichen Bereich des afrikanischen Tropengürtels beheimatet. Er tritt aber auch in verlassenem Kulturland, in Obstgärten oder Parkanlagen auf und gilt als einer der häufigsten afrikanischen Vögel.

Der indische Weißwangenbülbül *(Pycnonotus leucogenys)* pfeift fröhliche Melodien und lebt in Scharen von 50 Tieren zusammen.

Die lebhaften Bülbüls sind die verbreitetsten Vögel der afrikanischen Wälder und des asiatischen Dschungels; oft treten sie auch in dichtem Gestrüpp auf. In Uganda und Westkenia z. B. sind die Gelbbartbülbüls *(Andropadus latirostris)* so zahlreich wie alle anderen Vogelarten zusammen. Die große Verbreitung dieser Tiere hängt mit ihrer großen Anpassungsfähigkeit zusammen; sie ähneln in dieser Hinsicht unseren Drosseln. Da sie auch mit dem Menschen schnell vertraut werden, sind einige Arten auch in Australien und in anderen Gebieten, wo die Bülbüls ursprünglich nicht vertreten waren, heimisch geworden.

1892 wurden auf der Insel Mauritius drei Paare der Rotohrbülbüls *(Pycnonotus jocosus)* ausgesetzt; diese haben mittlerweile alle Gebiete der

> **Wissenschaftlicher Name:**
> Familie *Pycnonotidae*
> **Größe:** 14–28 cm.
> **Vermehrung:** 2–3 blaßrote oder weiße Eier werden in offenen, napfförmigen Nestern fast ausschließlich vom Weibchen ausgebrütet;
> Brutzeit 12–13 Tage.
> **Nahrung:** Insekten, reife Früchte.
> **Lebensraum:** Tropen und Subtropen Afrikas und Asiens.

Die Haarvögel oder Bülbüls gehören zu einer großen Familie mit 14 verschiedenen Gattungen, die vor allem im tropischen Afrika und in Asien leben. Es sind muntere, sangesfreudige, gesellige Tiere, die bevorzugt in der Nähe menschlicher Siedlungen anzutreffen sind. Die abgebildeten Graubülbüls bevorzugen als Nahrung Insekten.

Viele Arten der Haarvögel (hier der Rotohrbülbül) haben besonders ausgeprägte Kopffedern. Wenn sie von einem Greifvogel bedroht werden, richten sie das Haarbüschel auf, das auf Artgenossen wie ein Hilferuf wirkt. Gemeinsam stürzen sie sich dann auf den Feind und verjagen ihn.

einheimischen Vögel besetzt; zum Glück ohne das ökologische Gleichgewicht zu stören. Oft genug hatten derartige Einbürgerungsversuche nachteilige Folgen (etwa in Australien die Kaninchenplage oder Nordamerika die Einfuhr des Haussperlings). Auch nach Florida wurde der indische Rotohrbülbül eingeführt, und inzwischen fühlen sich die Vögel hier sehr wohl. Sie haben sich allmählich in die Faunengemeinschaft eingepaßt, und da ihre Zahl niedrig geblieben ist, gibt es auch für die ansässige Vogelwelt keine Nahrungskonkurrenz. Nur in Obstgärten haben sie sich aufgrund ihrer Vorliebe für reife Früchte sehr unbeliebt gemacht.

Nashornvögel

Die große Familie der Nashornvögel *(Bucerotidae)* umfaßt 14 Gattungen und 45 Arten. In vergangenen Zeiten neigte man dazu, dem Nashornvogel, einem nahen Verwandten der Wiede- und Baumhopfe, autoritäre Eigenschaften zuzusprechen. Man erzählte, daß er eifersüchtig und tyrannisch sei, wenn er zur Brutzeit das Weibchen in einer Baumhöhle einmauert. Die Beobachtung ist durchaus richtig, nur die Begründung stimmt nicht. Das Einmauern bedeutet nämlich nichts anderes als eine wirksame Schutzmaßnahme gegen Schlangen, Affen und sonstige Nesträuber. Die Pygmäen, die während ihrer Streifzüge durch den Urwald ebenfalls oft in Baumhöhlen übernachten, schließen den Eingang ihrer Behausung mit Gestrüpp und Ästen. Damit schützen sie sich vor Feinden auf fast die gleiche Weise wie der als Tyrann beschimpfte Nashornvogel. Die Gefangenschaft des Weibchens ist also nichts weiter als eine phantasievolle Behauptung, denn sie kann im Notfall den Eingang von innen aufbrechen und wegfliegen.

Nashornvögel, Tauben, Eulen und Nektarvögel gelten als die typischsten Waldvögel Afrikas; zusammen mit den Fasanen sind sie auch im asiatischen Dschungel sehr verbreitet. Der Nashornvogel hält im Dschungel die Wipfel der Bäume besetzt, die über das ganze Buschwerk des Waldes hinausragen. Sein Flug wirkt schwerfällig und ist bei den meisten Arten ziemlich geräuschvoll. Im Gezweig der Bäume bewegen sich

Wissenschaftlicher Name:
Familie *Bucerotidae*
Größe: 33–160 cm.
Vermehrung: Brüten in geräumigen Baumhöhlen. Weibchen und Brut werden fast vollständig eingemauert (Ausnahme Hornraben). 2–6 weiße Eier.
Nahrung: Insekten, Früchte, Körner; manche Arten auch kleine Wirbeltiere, Aas.
Lebensraum: Zentral- und Südafrika, Südasien, Malaiischer Archipel bis Neuguinea; in dichten, hochstämmigen Wäldern, manchmal auch in Steppengebieten.

Die kleinsten der Nashornvögel sind die in Afrika beheimateten; hier ein Deckens' Toko.

53

Der scheue und einsame Nord-Hornrabe (Bucorvus abyssinicus) verbringt seine Ruhestunden gern auf den höchsten Ästen der Bäume; von dort läßt er ab und zu sein dumpfes, weithin hörbares „Bü" oder „Hü" vernehmen. Im Gegensatz zu den anderen Nashornvögeln wird das Weibchen während der Brutzeit nicht eingemauert. Im Bild ein Männchen mit dem großen roten Kehlsack.

die Nashornvögel verhältnismäßig gewandt, während ihre Bewegungen am Boden höchst ungeschickt sind.

Die Nashornvögel sind vorwiegend Vegetarier und verzehren gerne Früchte und Körner. In Plantagen richten sie oft beträchtlichen Schaden an, da sie hier in größeren Trupps auftreten. Je nach Angebot ernähren sie sich aber auch von Baumreptilien und Insekten; sie greifen selbst kleine Wirbeltiere an oder nehmen gelegentlich sogar Aas zu sich.

Ein nicht zu verwechselndes äußeres Merkmal des Nashornvogels ist sein langer und dicker Schnabel; er ist meist mit sonderbaren Auswüchsen, sogenannten Hörnern, versehen. Das Innere des „Hornes" ist eine schwammartige leichte Hornmasse. Auch die Knochen sind sehr leicht gebaut. Alle Arten führen eine lebenslange Einehe. Die Jungen werden noch mehrere Monate nach dem Flüggewerden von den Eltern gefüttert und bleiben 2–3 Jahre im Familienverband, bis sie selbst geschlechtsreif sind.

Turakos

Der baumbewohnende Turako, auch Pisang- oder Bananenfresser genannt, lebt in den afrikanischen Wäldern südlich der Sahara. Wissenschaftler haben 18 verschiedene Arten klassifiziert. Sie besitzen ein auffälliges blaues, violettes, silbergraues und grünes Federkleid; die smaragdgrüne Färbung beruht auf dem Pigment Turacoverdin, das in der Natur unbekannt ist.

Ihre Körpergröße kann sehr unterschiedlich sein; sie werden elstern- bis rabengroß. Über die Lebensgewohnheiten der Turakos weiß man noch wenig. Sie verstecken sich gern in den dichten Wäldern, und ihr Areal, wie z. B. das des Ruwenzoriturakos *(Tauraco johnstoni)*, ist nicht sehr groß. Die Helmturakos sind von allen in den dichten Wäldern lebenden Formen wahrscheinlich die auffälligsten; ihr Federkleid ist grün gefärbt, die Schwingen sind leuchtend purpurrot. Andere sehr schöne Vertreter sind der Riesenturako *(Corythaeola cristata)* und der Rothaubenturako *(Tauraco erythrolophus).*

Die Vögel halten sich im Gezweig der Bäume auf, kommen oft aber auch auf den Boden herab. Ihr Flug ist nicht sehr ausdauernd, jedoch gewandt. Sie verzehren Blattknospen, Früchte, Beeren und Körner.

Es wird erzählt, daß der Turako ein guter Freund des Gorillas sei und ihn auch immer mit seinen lauten, heiseren Rufen vor nahenden Menschen warnt.

Wissenschaftlicher Name:
Familie *Musophagidae*
Größe: 40–74 cm.
Vermehrung: In April–Juni werden 1–3 weißliche Eier in einem flachen Nest bebrütet; Brutdauer etwa 3 Wochen.
Nahrung: Samen, Früchte, Beeren, Blattknospen, Körner.
Lebensraum: Dichte Wälder, Waldränder in Afrika; auch in Savannenlandschaften.

Der Rothaubenturako gehört zur Ordnung der Kuckucksartigen. Er ist in Angola verbreitet und verbringt die meiste Zeit im Gezweig der Bäume.

Schuhschnabel

Wissenschaftlicher Name:
Balaeniceps rex
Größe: 1,20 m; Flügellänge 68 cm.
Vermehrung: Nest in sumpfigem
Gelände; 1–2 bläulichweiße Eier mit
kalkartigem Überzug; die Jungen sind
Nesthocker.
Nahrung: Flußfische, Frösche,
Schnecken.
Lebensraum: Sumpfgebiete, Flußufer
mit dichtem Papyrusbewuchs im
tropischen Afrika.

*Der außerordentlich hohe und breite
Schnabel des Schuhschnabels mit etwas
gekrümmtem Rücken und hakenförmiger
Spitze erinnert tatsächlich an einen
Holzschuh.*

Der Schuhschnabel gehört zur Ordnung der Stelzvögel (Ciconiiformes).
Er ist an seinem auffälligen Schnabel, der in der Ruhestellung und im
Flug auf der Brust liegt, leicht zu erkennen. In seiner Form erinnert dieser
in der Tat an einen Holzschuh, und die Araber nennen den stattlichen
Vogel deshalb auch „Abu Markub", den „Vater des Schuhs". Der Ober-
schnabel ist scharfkantig gerandet; er endet in einer hakenförmigen
Spitze. Das Gefieder des Schuhschnabels ist vorwiegend blaugrün und
bildet auf dem Kopf eine kleine Haube.

Wir finden den Schuhschnabel an Flüssen und Weihern, in sumpfigen
oder überschwemmten Gebieten des tropischen Afrika. Er ist wahrscheinlich nicht so selten, wie man glaubt, denn oft hält er sich still zwischen dichtem Papyrusbewuchs verborgen. Seine Nahrung besteht aus
Flußfischen, Fröschen und Schnecken; er erbeutet sie als Schleich- und
Anstandjäger.

Im Altertum gelang es dem Schuhschnabel, bis zum Nildelta zu
fliegen. Das erklärt seine Darstellung auf verschiedenen altägyptischen
Reliefs. Daraus läßt sich folgern, daß vor 5000–3000 Jahren die Niederschläge in Ägypten reicher fielen, die Vegetation üppiger war und der
Nil von einem Galeriewald flankiert wurde. Das Tal des großen afrikanischen Flusses diente sehr wahrscheinlich vielen tropischen Arten, darunter auch dem Schuhschnabel, als Fluglinie nach Norden.

Chamäleon

In unserer Gesellschaft bezeichnet man einen Menschen, der seine Einstellung je nach Situation ändert, verächtlich als „Chamäleon". Diese Echse hat tatsächlich die erstaunliche Fähigkeit, ihre Hautfarbe zu verändern. Auf dem Boden nimmt das Chamäleon eine bräunliche oder gelbliche Farbe an, und im Laub wird es grünlich. Bestimmte pigmenttragende Hautzellen können dabei ihre Größe verändern, so daß der Farbstoff also dichter stehen oder weiter verteilt sein kann. Der auslösende Reiz dieses Phänomens geht somit nur teilweise von der Umgebung aus, sondern hängt in weit stärkerem Maße von der jeweiligen Stimmung des Tieres ab. Das Gehirn dieses ruhigen Insektenfressers kann also bis zu einem gewissen Grad beeinflussend wirken.

Bemerkenswert ist ferner die Schleuderzunge, die an Länge Körper und Schwanz übertreffen kann. In Bruchteilen einer Sekunde schießt sie aus dem Maul hervor und mit der Beute wieder zurück. An der Spitze ist sie keulenförmig verdickt. Durch die Tätigkeit von Speicheldrüsen wird sie klebrig gehalten.

Auch die Augen des Chamäleons, die voneinander getrennt ausgerichtet werden können, sind charakteristisch für dieses Tier. So kann es, ohne sich zu bewegen, die gesamte Umgebung überblicken. Starke Lider umschließen sie kapselförmig und lassen nur eine runde Öffnung für die Pupille frei.

Wissenschaftlicher Name:
Chamaeleo chamaeleon
Größe: 27 cm; Schwanzlänge 12 cm.
Vermehrung: 30–40 pergamentschalige Eier, werden während der Regenzeit (Herbst) im Boden vergraben; Entwicklungszeit ca. 10 Monate.
Nahrung: Heuschrecken und andere Gliederfüßer.
Lebensraum: Am Rande von Oasen und des Dschungels in Nordafrika, Indien, Ceylon.

Beide Augen der Chamäleons sind in ihren Bewegungen unabhängig voneinander, so daß die Tiere ihre ganze Umgebung, ohne sich zu bewegen, übersehen können. Das Bild zeigt das Zwei-Streifen-Chamäleon (Chamaeleo bitaeniatus).

Wollaffe

Der Wollaffe verdankt seinen Namen dem dichten Fell; er ist der zweitgrößte Affe Südamerikas.

Der Wollaffe (Gattung *Lagothrix*) aus Südamerika lebt in den dichten Urwäldern im mittleren und oberen Amazonasbecken. Über diese Tiere gibt es viele eigenartige Geschichten. Es wird erzählt, daß ein englischer Biologe einem Wollaffen begegnete, der, anstatt wegzulaufen, ihn genau musterte und dann auf seinem Arm Schutz suchte. Eine andere Geschichte berichtet, wie ein Wollaffe, der von einem Gewehrschuß getötet worden war, von anderen an einen Baum angelehnt und wiederholt zur Flucht angeregt wurde. Als die Artgenossen die Sinnlosigkeit ihrer Versuche endlich bemerkten, gaben sie ihre Verzweiflung durch lautes Gejammere kund.

Ein verängstigter Wollaffe pflegt, genau wie wir Menschen, sich die Augen mit den Händen zu bedecken. Diese vorsichtigen Tiere können hervorragend klettern, im Urwald weite Sprünge machen und sind leicht zu zähmen. Das Klima in Europa ist jedoch ungünstig für sie; hier leiden sie oft an Lungenkrankheiten, die sie nicht überleben. Der Wollaffe hat einen Greifschwanz, den er wie eine zusätzliche Hand zum Festhalten benutzt.

Bei den Wollaffen werden zwei Arten unterschieden: der Wollaffe *(Lagothrix lagothricha)* mit fahlbrauner, -grauer bis schwarzer Fellfärbung und der mahagonifarbene Gelbschwanzwollaffe *(Lagothrix flavicauda)*, der eine gelbe Schwanzspitze hat.

Uakari

Diese Affen, die einen merkwürdig kurzen Schwanz besitzen, haben für sich die Gegenden mit der höchsten Luftfeuchtigkeit in der Nähe von Flüssen und Sümpfen als Lebensraum gewählt. Das Scharlachgesicht *(Cacajao calvus)* und der Schwarzkopfuakari *(Cacajao melanocephalus)* leben nördlich des Amazonas von den Anden bis zum Rio Negro und bis zur Grenze des Berglandes von Guayana. Der Rote oder Golduakari *(Cacajao rubicundus)* hält sich südlich des großen Flusses bis zum Rio Madeira auf. Eine etwas isolierte Art, der Schwarze Uakari *(Cacajao roosevelti)* lebt zwischen dem brasilianischen Bundesstaat Mato Grosso und dem Chaco Boreal; er ist der größte unter ihnen und auch die in unseren Zoologischen Gärten verbreitetste Art.

Die Uakaris sind mit einem dichten Fell vor der Feuchtigkeit des südamerikanischen Urwaldes geschützt. Ihre unbehaarte Stirn, die einer Glatze ähnelt, und das rote Gesicht wirken auf den ersten Blick für den Menschen unsympathisch. In Wirklichkeit sind die Uakaris in ihrer natürlichen Umgebung sehr verspielt. Sie eilen mit ausgebreiteten Armen wie Seiltänzer geschickt auf den Ästen herum.

Seit man erkannte, daß diese Affen, im Gegensatz zu ihren Artgenossen, nur in einem sehr feuchten Klima leben können, werden sie auch in Zoologischen Gärten mit Erfolg gezüchtet. Ihr Bedarf an Vitaminen ist beträchtlich, so daß sie recht teure Pfleglinge sind.

Wissenschaftlicher Name:
Gattung *Cacajao*
Größe: 45 cm; Schwanzlänge verschieden, kurz.
Nahrung: Früchte, Nüsse, saftige Blätter und Stengel.
Besondere Merkmale: Typischer Baumbewohner, lebt in unterschiedlich großen Trupps.
Lebensraum: Feuchtheiße Regenwälder im Innern Südamerikas.

Das gemeinsame Merkmal aller Uakaris ist ein nacktes, rotes Gesicht; sie sind auch die einzigen Neuweltaffen mit einem verkürzten Schwanz.

Nachtaffe

Wissenschaftlicher Name:
Aotes trivirgatus
Größe: 35 cm; Schwanzlänge 50 cm.
Vermehrung: Infolge der nächtlichen
Lebensweise bisher keine genauen
Angaben; 1–2 Junge werden in
unregelmäßigen Abständen geboren.
Nahrung: Beeren, Früchte, Insekten,
Spinnen, Schnecken und andere Klein-
tiere.
Lebensraum: Tropenwälder Mittel- und
Südamerikas.

*Der Nachtaffe, auch unter dem Namen
Mirikina bekannt, führt ein nachtaktives
Leben. Die Tiere haben zwei ungewöhnlich
große Augen mit stark gewölbter Hornhaut.*

Der Nachtaffe oder Mirikina ist der einzige Affe mit rein nächtlicher
Lebensweise. Seine großen Augen können nur Schwarz und Weiß unterscheiden, dafür aber sehen sie selbst in den dunkelsten Nächten noch
ausgezeichnet. Im Gegensatz zu vielen anderen amerikanischen Affen
besitzt der Nachtaffe keinen Greifschwanz. In Wirklichkeit zeigt der Nachtaffe im Vergleich zu anderen Affen viele primitive Eigenschaften. Diese
bringen ihn den Affenarten der Alten Welt näher, obwohl sich der amerikanische Kontinent bereits vor 70 Millionen Jahren von diesem Teil der
Erde getrennt hat.

Den ganzen Tag über schlafen die Nachtaffen in Baumhöhlen und wachen erst in der Dämmerung auf. Kurz vor Sonnenaufgang und vor Sonnenuntergang hallt der südamerikanische Tropenwald von ihren mächtigen Brüllkonzerten wider. Die Tiere leben paarweise in einem
verhältnismäßig kleinen Revier; sie wechseln den Schlafplatz nie. Ihre
Nahrung besteht aus Früchten, Beeren, Insekten, Spinnen, Baum-
schnecken, Fröschen und Eidechsen. Die ganze Nacht sind die ge-
schickten Kletterer zwischen den Ästen der Bäume unterwegs. Sie sind
außerordentlich scheu; ihr Gehör ist ausgezeichnet.

Junge Nachtaffen können in menschlicher Obhut liebenswerte Haus-
genossen sein; nur muß man berücksichtigen, daß sie erst am Abend
munter werden.

Jaguar

Der Jaguar kann sich selbst im dichtesten Urwald oder hohen Gras geschickt bewegen. Er kommt und verschwindet, als hätte der Wald oder das hohe Schilfdickicht ihn verschluckt.

So ist es nicht verwunderlich, wenn den Jaguar ständig ein magischer Hauch umgibt, als wäre er ein übernatürliches Tier. Er wurde schon in Mexiko von den Azteken, in Mittelamerika von den Mayas und von den Ureinwohnern Perus verehrt. Die Eingeborenen des Amazonasgebietes glauben heute noch, daß ein verstorbener Zauberer als Jaguar weiterlebt. Außerdem sei er auch unsichtbar überall gegenwärtig.

All diese Legenden geben Grund zur Annahme, daß der Jaguar früher ein noch größeres Verbreitungsgebiet hatte als heute. Sicherlich leben in den Waldungen am Amazonas derzeit noch Tausende dieser Tiere, die wahrscheinlich noch nie einen Menschen gesehen haben. Der Jaguar ist eines der gefürchtetsten Raubtiere Mittel- und Südamerikas. Sein Name stammt aus einer südmarikanischen Indianersprache; die Eingeborenen nennen ihn „Jagwára" = „Körper des Hundes". Sein Fell ist kurz, dicht, glänzend und weich. Meist ist es rötlichgelb und am ganzen Körper mit kleineren oder größeren, unregelmäßig gestalteten schwarzen Flecken und Ringen besetzt. Es kommt auch eine schwarze Spielart vor.

Der bevorzugte Lebensraum des Jaguars ist der tropische Regenwald in der Nähe von Strömen, Flüssen und Sümpfen. Sein Verbreitungsgebiet

Wissenschaftlicher Name:
Panthera onca
Größe: 1,10 – 1,80 m;
Schwanzlänge 45 – 75 cm;
Schulterhöhe 75 cm.
Vermehrung: 3monatige Schwangerschaft; 2–4 Junge; sie öffnen nach 13 Tagen die Augen.
Nahrung: Fleischfresser (u. a. Wasserschweine, Hirsche, Affen, kleine Nager, Sumpfvögel, Kaimane, Schildkröten, Frösche, Fische).
Lebensraum: Urwälder, Buschgebiete, Uferwälder, Flußdickichte vom Südwesten der USA bis Nordargentinien.

Der Jaguar, die größte Katze Amerikas, bewegt sich trotz seines kräftigen Körperbaus geschickt auf den Ästen, besonders wenn er verfolgt wird. Die Jungtiere sind wie alle Katzen sehr verspielt.

reicht von Südwesten der USA bis in den nördlichen Teil Argentiniens. Er kann bis zu 60 km in einer Nacht zurücklegen, bleibt aber meist in der gleichen Gegend, solange ihm in diesem Gebiet noch ausreichend Nahrung zur Verfügung steht. Auf seinen Wanderungen durchstreift er selbst dichtbevölkerte Gebiete, denn er weiß, daß hier das Nahrungsangebot meist größer als in freier Wildbahn ist.

In den Viehherden richtet er bedeutenden Schaden an und raubt auch Pferde sowie Hunde. Alle größeren Wirbeltiere, deren er habhaft werden kann, bilden seine Nahrung: Tapire, Stachel- sowie Wasserschweine, Pekaris und Hirsche. Doch macht er auch auf kleinere Tiere (z. B. Nager) Jagd und beschleicht Sumpfvögel; diese verzehrt er mit Haut und Knochen. Größeren Tieren springt er auf den Rücken, drückt sie zu Boden und reißt ihnen den Hals auf. Dann schleppt er sie im Maul zu einem sicheren Ort; dabei zeigt der Jaguar oft bemerkenswerte Kräfte, und selbst Flüsse sind kein Hindernis. Er verzehrt meist nur einen Teil seiner Beute, meidet dabei aber die Eingeweide. Nach der Mahlzeit zieht er sich etwas zurück, ist jedoch bald wieder zur Stelle, um zum zweiten Male davon zu fressen; den Rest überläßt er den Geiern.

Auch Fische versteht der Jaguar sehr geschickt aus dem Wasser zu ziehen, und es ist bekannt, daß er selbst Kaimane in niedrigen Gewässern angreift und tötet. Gern verzehrt er ferner Schildkröten sowie deren Eier.

Oben: Ein Jaguarweibchen mit seinem Jungen. Die Jungtiere bleiben etwa bis zum zweiten Lebensjahr bei der Mutter. Nebenstehende Seite: Der Jaguar hat eine rötlichgelbe Fellfarbe mit zahlreichen unregelmäßig gestalteten Flecken.

Er wirft die Kriechtiere auf den Rücken und holt sich mit Hilfe seiner Krallen das Fleisch aus dem Panzer.

Der Jaguar ist ein ausgezeichneter Schwimmer. Im Wasser hebt er den Kopf und das Rückgrat über die Oberfläche, so daß er bereits auf weite Entfernung erkennbar ist. Selbst kilometerbreite Flüsse, wie etwa der Paraná, werden von ihm durchschwommen.

Nur selten überfällt der Jaguar auch Menschen. Um sie kümmert sich die große Raubkatze nur dann, wenn sie provoziert oder verletzt wird. Die Indios jagen den Jaguar auf verschiedene Weise; sie setzen dafür zum Teil besonders abgerichtete Hunde ein.

Der Jaguar ist im allgemeinen ein Einzelgänger. Nur während der Paarungszeit treffen Männchen und Weibchen zusammen; die Ranz ist an keine feste Jahreszeit gebunden, erfolgt aber meist in den Monaten August/September. Öfters als sonst ertönt dann das Gebrüll der Jaguare durch den Urwald. Nur etwa 4–5 Wochen bleiben die Geschlechter beisammen. Nach einer Tragzeit von 93–110 Tagen wirft das Weibchen im undurchdringlichen Dickicht 2–4 Junge. Die Jungen wiegen bei der Geburt 700–900 g und sind bis zum 13. Tag blind. Bei Gefahr werden sie im Maul der Mutter an einen sichereren Ort transportiert. Sie jagen die ersten zwei Jahre gemeinsam mit der Mutter; mit 3–4 Jahren sind sie ausgewachsen. Die Geschlechtsreife tritt im 3. Lebensjahr ein.

Der Jaguar ist ein gefährlicher Jäger; Gesichts- und Gehörsinn sind ausgezeichnet entwickelt. Er ernährt sich von allen Wirbeltieren, die er schlagen kann. Der Jaguar ist auch ein vorzüglicher Schwimmer und greift selbst wesentlich größere Kaimane an. Auch ist bekannt, daß er Schildkröten tötet, indem er sie auf den Rücken wirft und sich mit Hilfe seiner Krallen das Fleisch aus dem Panzer holt.

Nasenbär

Der Nasenbär oder Coati, der wie der Waschbär zur Familie der Kleinbären *(Procyonidae)* gehört, ist in weiten Teilen des tropischen Südamerika bis auf die Gebiete um den Mittellauf des Amazonas verbreitet. Auffallendste Merkmale sind seine rüsselartige, weit über den Unterkiefer
hinausragende Nase und der lange, braungelb und schwarzbraun gerin-
gelte Schwanz, der meist steil erhoben getragen wird.

Der Nasenbär scheint dazu geboren zu sein, in den Häusern, die ihn
aufnehmen, Unordnung zu schaffen, und selbst in Freiheit läßt er keine
Gelegenheit aus, unter Lärmen und Pfeifen sich zu streiten. In seiner
Heimat kann man oft beobachten, wie er frühmorgens aus dem Dickicht
heraustritt und scharrend, wühlend oder im Geäst der Bäume kletternd
auf Nahrungssuche – Früchte, Würmer, Schnecken und Kerbtiere – geht.
Die Weibchen bilden mit ihren Jungtieren feste Gruppen, die bis zu 25
Individuen umfassen können. Tagsüber sind sie fast rastlos auf Wander-
schaft. Sie nächtigen in hohlen Baumstämmen oder in einer Astgabel.
Der Geruchssinn und das Gehör sind besonders gut ausgebildet.

Zur Brunstzeit suchen die sonst einzeln lebenden Männchen jeweils
eine Gruppe von Weibchen auf. Nach einer Tragzeit von etwa 75 Tagen
bringen diese 2–7 blinde Junge in einer Baum- oder Erdhöhle zur Welt.
Die Neugeborenen haben eine Länge von etwa 25 cm und ein Gewicht
von durchschnittlich 150 g; die Augen öffnen sich am 11. Tag.

Wissenschaftlicher Name: *Nasua nasua*
Größe: 30–90 cm; Schwanzlänge 45 cm;
Schulterhöhe 28 cm.
Vermehrung: Nach 2$^1/_2$monatiger
Tragzeit werden 2–7 Junge in einer
Baum- oder Erdhöhle geboren.
Nahrung: Früchte, Wirbellose,
Eidechsen, kleine Nagetiere.
Lebensraum: Tropisches Südamerika
bis zu 3000 m Höhe.

*Der amerikanische Nasenbär oder Coati, der
in weiten Teilen des tropischen Südamerika
lebt, ist ein Allesfresser. Er ernährt sich auch
von Würmern und Kerbtieren, die er mit Hilfe
seiner Krallen aus der Erde gräbt.*

Waldfuchs

Wissenschaftlicher Name:
Cerdocyon thous
Größe: 65 cm; Schwanzlänge 28 cm.
Vermehrung: 1–2 Würfe im Jahr
(im Frühling und Herbst); 3–6 Junge.
Nahrung: Kleine Wirbeltiere, Insekten,
Krebse, Früchte.
Lebensraum: Tropische Urwälder
Südamerikas von Guayana bis Nord-
argentinien und Uruguay.

*Der Magellanfuchs (Dusicyon culpaeus) ist
ebenfalls ein südamerikanischer
Schakalfuchs. Er lebt allein oder paarweise,
ist nicht aggressiv und geht erst nachts auf
Beutefang (Agutis, Kaninchen, Vögel,
Frösche, Eidechsen, Krebse).*

Innerhalb der Familie der Hundeartigen *(Canidae)*, die weitgehend durch den Wolf- und Fuchstypus charakterisiert sind, gibt es zahlreiche Verwandtschaftsgruppen. Eine solche bilden auch die südamerikanischen Waldfüchse. Obwohl keine verwandtschaftlichen Beziehungen, wohl aber gewisse Ähnlichkeiten mit den Schakalen und Füchsen bestehen, werden sie auch Schakalfüchse genannt.

Beheimatet ist der Waldfuchs in den südamerikanischen Urwäldern von Kolumbien, Venezuela und Guayana bis Nordargentinien bzw. Uruguay. Die Fellfärbung ist sehr veränderlich. Meist sind der Nacken und Rücken schwarz, die Oberseite des Kopfes grau, die Seiten dunkelgrau, Bauch und Brust schmutziggelb. Er lebt einzeln oder paarweise, schläft am Tage in den Erdhöhlen, die von anderen Tieren gegraben worden sind, und entfaltet erst nachts seine Aktivität. Er ernährt sich von kleinen Wirbeltieren und Insekten, frißt aber auch die verschiedensten Früchte.

Die Weibchen bringen im Frühjahr 3–6 Junge zur Welt; im nördlichen Teil des Verbreitungsgebietes sollen sie auch im Herbst noch einmal werfen. Für die jungen Waldfüchse gibt es keinen „Kindergarten", wie ihn ihre Artgenossen in Europa und Nordamerika kennen.

Der Waldfuchs kann leicht gezähmt werden und ist dann auch sehr anhänglich. In Südamerika ist er ständiger Verfolgung ausgesetzt, obwohl sein Fell keine wirtschaftliche Bedeutung hat.

Tapir

Ausgrabungen und Fossilienfunde haben gezeigt, daß schon vor ungefähr 50 Millionen Jahren in Asien und Nordamerika tapirartige Tiere lebten, die jedoch noch keinen Rüssel besaßen. Vor 40–50 Millionen Jahren bewohnten die Tapire, oft als sehr große Tiere, auch Europa, doch erst vor 1 Million Jahren wanderten sie über Mittalmerika nach Südamerika. Heute gibt es drei Tapirarten in Südamerika und eine vierte, den Schabrackentapir *(Tapirus indicus),* in Asien.

Der Berg- oder Andentapir *(Tapirus pinchaque),* der die nördlichen Anden bis zur Schneegrenze bewohnt, und der mittelamerikanische Tapir *(Tapirus bairdi)* sind die seltenen Arten und leider von der Ausrottung bedroht. Am bekanntesten und in den Zoologischen Gärten am häufigsten ist der Flachlandtapir *(Tapirus terrestris);* er bewohnt die Tiefebenen des nördlichen sowie mittleren Südamerika.

Alle nähren sich von Pflanzen, besonders vom Laubwerk der Bäume, abgefallenen Baumfrüchten, in Brasilien aber auch von Zuckerrohr, Mango und Melonen.

40 Tage nach der Paarung wirft das Weibchen ein Junges; sein Fell ist nach Art der Wildschweine gestreift, teilweise auch gefleckt. Das Jungtier lebt etwa ein Jahr lang beim Muttertier.

Wegen ihres Fleisches und des dicken Fells werden die Tapire vom Menschen verfolgt; ihre Hauptfeinde sind die Jaguare und Tiger.

Wissenschaftlicher Name:
Tapirus terrestris (Flachlandtapir)
Größe: Bis 2 m; Schulterhöhe 1 m.
Vermehrung: Nach 40tägiger Tragzeit wird 1 Junges geboren; Jugendkleid gestreift und gefleckt.
Nahrung: Blätter (besonders junge Palmblätter), Früchte, Knospen.
Lebenserwartung: Über 30 Jahre.
Lebensraum: Wälder im nördlichen und mittleren Südamerika; gern in Wassernähe.

Die Tapire sind Dämmerungstiere. Sie ernähren sich ausschließlich vegetarisch, wobei der Rüssel sowohl zum Ergreifen der Blätter als auch zum Tasten und Schnüffeln dient.

Gürteltier

Die Gürteltiere, Ameisenbären und Faultiere gehören zur Ordnung der Zahnlosen *(Edentata)*. Diese eigentümlichen Säugetiere zeigen noch sehr primitive Merkmale, wie z.B. die starke Rückbildung des Gebisses und die vermehrten Wirbelgelenke (Nebengelenktiere). Sie sind die ursprünglichsten Säugetiere der Neuen Welt. Ein typisches Merkmal der Gürteltiere (Familie *Dasypodidae*) ist ihr gegliederter Hautknochenpanzer. Wenn sich die Kugelgürteltiere *(Tolypeutes)* bedroht fühlen oder auch nur berührt werden, rollen sie sich schnell wie ein Igel zusammen und sind somit vor den Zähnen der Angreifer geschützt. Die Gürteltiere bewohnen Süd- und Mittelamerika. Ungefähr seit einem Jahrhundert steigt ihre Zahl wieder an, und ihr Lebensraum dehnt sich offensichtlich weiter bis in den Süden der USA hinein aus.

Der bekannteste Vertreter ist das Riesengürteltier, das mit seinen zum Teil verwachsenen Zehen und den verbreiterten Krallen selbst steinharte Termitenbauten aufzureißen imstande ist.

Besonders interessant sind die Fortpflanzungsverhältnisse; sie wurden bisher allerdings nur beim Neunbindengürteltier *(Dasypus novemcinctus)* untersucht. Nach der Paarung im Juli findet zunächst eine Keimruhe von $3^1/_2$ Monaten statt. Danach erfolgt eine Aufteilung des ursprünglichen Keimes in vier, manchmal auch acht Embryonen, die vom gleichen Geschlecht sind. Im Februar/März werden die Jungen geboren.

Wissenschaftlicher Name: *Priodontes giganteus* (Riesengürteltier)
Größe: 90–100 cm; Schwanzlänge 50 cm.
Vermehrung (bisher nur beim Neun-Binden-Gürteltier untersucht): Paarungszeit Juli; eineiige Vierlinge werden im Febr./März in einer Höhle geboren; Säugezeit einige Wochen.
Nahrung: Ameisen, Termiten.
Lebensraum: Östliches Südamerika.

Oben: Ein Riesengürteltier beim Graben. Seine starken Krallen können innerhalb weniger Minuten eine Höhle graben.

Nebenstehende Seite: Das Neun-Binden-Gürteltier, aus dessen schönem Panzer sich Gitarren herstellen lassen.

Großer Ameisenbär

Wissenschaftlicher Name:
Myrmecophaga tridactyla
Größe: 1,00–1,30 m; Schwanzlänge
65–90 cm; Schulterhöhe 60 cm.
Vermehrung: Nach 6monatiger Tragzeit
ein Junges, das das Weibchen einige Zeit
mit sich auf dem Rücken herumträgt;
Junges erst nach 2 Jahren selbständig.
Nahrung: Ameisen, Termiten sowie
andere Insekten und deren Larven.
Lebensraum: Parkwald und
buschbestandene Savanne in Mittel-
amerika und der östlichen Hälfte
Südamerikas.

*Der Große Ameisenbär gehört wie das
Gürteltier zur Ordnung der Zahnlosen, hat
aber im Gegensatz zu diesem überhaupt
keine Zähne. So ist er gezwungen, seine
Nahrung ausschließlich auf Insekten und
deren Larven zu beschränken; er erbeutet
diese mit seiner langen klebrigen Zunge.*

Eine phantasievolle Geschichte, die in Südamerika verbreitet ist, erzählt
von einem spanischen Soldaten aus der Eroberungszeit, der sich über
einen verwundeten Ameisenbären lustig machen wollte. Im Schutze
eines ledernen Harnischs versuchte er, es mit dessen selbst von Puma
und Jaguar gefürchteten Krallen aufzunehmen. Der Ameisenbär zer-
schnitt mit einem einzigen Krallenhieb das Leder und tötete dabei den
Unglücklichen. In Wirklichkeit ist der Ameisenbär ein scheues und harm-
loses Tier, das nur Ameisenhaufen und Termitenbauten ausgräbt.

Sein Lebensraum ist sowohl die buschbestandene Savanne als auch
der offene Parkwald; es muß sich dabei um trockene Gebiete, reich an
Ameisennestern und Termitenbauten, handeln. Die Zunge wird von Muskeln, die mit dem Brustbein verbunden sind, bewegt. Sie schießt mit un-
wahrscheinlicher Schnelligkeit 150- bis 160mal in der Minute in den
Ameisenhaufen hinein und sondert eine große Menge klebrigen Spei-
chels ab, um die Beute zu fangen. Die Nahrung wird von der starken
Muskulatur zwischen den verhornten Auskleidungen des Magens mit
Hilfe von Sand und kleinen Steinen zermahlen.

Dieses eigenartige Tier wird von den Eingeborenen Paraguays auch
,,Mäulchen'' bzw. ,,Yurumi'' genannt. Mit seinen Jungen geht es sehr
zärtlich um. Die Mutter trägt sie, bis sie selbständig sind, auf ihrem
Rücken.

Opossum

In Südamerika war man lange Zeit der Meinung, daß das Opossum ein dummes Tier sei. Daraus entstand auch der Ausdruck „sich wie ein Opossum verhalten", was die Bedeutung wäre: „so tun, als ob nichts wäre" oder „sich dumm stellen". In den letzten Jahrzehnten hat man das Leben des Opossums so weit erforscht, daß diese Auffassung revidiert wurde. Einige Schweizer Biologen behaupten auch, wir würden zuwenig über diese Tierart wissen, weil wir uns darauf versteifen, sie am Tage zu beobachten, während sie ein ausgesprochenes Dämmerungs- und Nachtleben führen. Es wäre also richtiger, wenn man das Opossum etwa im Vergleich zum Känguruh als ein gering entwickeltes Beuteltier bezeichnet. Sobald sie sich von ihrem bevorzugten Lebensraum in den Wald- und Buschlandschaften lösen, können sie auch eine höhere Intelligenzstufe erreichen.

Die Tiere leben einzeln und sollen kein festes Territorium beanspruchen. Das Nordamerikanische oder Virginische Opposum (Didelphis marsupialis) bewohnt in Südamerika ein Gebiet, das sich weitgehend mit dem des etwas kleineren Südamerikanischen Opposum (Didelphis paraguayensis) überschneidet. Erstere breiten sich immer weiter nach Norden aus, und vielleicht sind einige „dumme" Opossums schon bis Alaska gelangt. Sie tragen ihre Jungen in einem durch einen Muskel fest verschließbaren Beutel oder auf dem Rücken.

Wissenschaftlicher Name: *Didelphis marsupialis*
Größe: 40–45 cm; Schwanzlänge 30–35 cm.
Vermehrung: Meist 2mal im Jahr nach 13tägiger Tragzeit viele Junge, von denen jedoch höchstens 13 im sich nach vorn öffnenden Beutel eine Zitze vorfinden.
Nahrung: Früchte, andere weiche Pflanzenteile; kleine Vögel, Säuger, Reptilien, Eier, Aas.
Lebensraum: Busch-, Wald-, Parklandschaften, Kulturpflanzungen in Häusern und Gärten in Süd-, Mittelamerika und weiten Teilen der USA.

Opossums sind geschickte Baumkletterer. Ihr Fell erscheint durch die wenigen langen Deckhaare, die weit aus dem dichten Wollhaar herausragen, struppig.

Tukan

Wissenschaftlicher Name: Familie
Ramphastidae
Größe: Gesamtlänge 32–62 cm;
Schnabellänge (Riesentukan) bis 23 cm.
Vermehrung: 2 Eier werden in
Baumhöhlen 16 Tage lang vom
Männchen und Weibchen bebrütet;
Junge der größeren Arten bleiben fast
2 Monate im Nest.
Nahrung: Früchte, Beeren, Insekten,
Spinnen, Jungvögel, Eier.
Lebensraum: Dichte Wälder von Mexiko
bis Nordargentinien.

Die bunten Schnäbel der Tukane dienen dem gegenseitigen Erkennen und wirken abschreckend auf aggressive Feinde (im Bild ein Riesentukan).

Die Tukane sind neben den Papageien die auffälligsten Vögel der tropischen Regenwälder Südamerikas und dort von der Meeresküste bis in Höhen von 3000 m anzutreffen. Sie bewohnen die Wipfel der höchsten Bäume, denn diese sind eine ganzjährige unerschöpfliche Nahrungsquelle an Früchten. Im Geäst bewegen sich die Tukane mit großer Behendigkeit. Zwischen dieser grünen Decke und dem Waldboden finden sie außerdem Baumreptilien, Insekten, Eier und Nestvögel, mit denen sie ihre ansonsten vegetarische Ernährung bereichern. Ein Beispiel für die ziemliche Gleichgültigkeit in der Wahl ihrer Nahrung zeigte ein gezähmter Tukan, den der deutsche Naturforscher A. v. Humboldt in einem Boot auf dem Orinoco bei sich hatte und der nebenbei Fische von der Oberfläche des Flusses fing.

Bislang viel diskutiert wurde die Frage, welche Bedeutung der riesige Schnabel hat. Trotz seines massiven Aussehens ist er nur von geringem Gewicht. Sein Inneres besteht aus einem durch Luftkammern leicht gehaltenen Auswuchs des Schädelknochens; die äußere Wand stellt eine Hornscheide dar. Er funktioniert als Angriffs- oder Verteidigungswaffe sowie als Werkzeug zur Nahrungsaufnahme. Mit Sicherheit dienen ferner die auffallenden Flächen und farbigen Stellen, die die Tukanschnäbel schmücken, zum gegenseitigen Erkennen. Möglicherweise haben sie auch eine Schaufunktion bei der Balz.

Zusammen mit Kolibris, Affen und Jaguaren ist der Tukan eines der dominantesten Tiere des tropischen Regenwaldes. Ihre Nester legen die Vögel in hoch über dem Erdboden liegenden Baumhöhlen an. Wenn sie schlafen, drehen sie den Kopf nach hinten und legen den Schnabel auf den Rücken, wo er von den Flügeln bedeckt wird. Im Flug halten ihn die Vögel waagerecht.

Ihre lauten durchdringenden Rufe und die Schnabelschläge, mit denen sie geschickte „Fechtpartien" mit anderen Artgenossen austragen, gehören in den dichten Wäldern zur typischen Geräuschkulisse.

Der Tukan ist ein lustiger und verspielter Vogel, der uns Menschen sehr sympathisch erscheint. Er wird schnell zutraulich und ist stets an allen Vorgängen interessiert, die in seinem Umkreis geschehen.

Tukane leben familien- oder truppweise. Ihr Flug ist je nach Größe schwerfällig und wellenförmig (Riesentukane) bis schnell und gradlinig (Schwarzarassaris).

Der große Schnabel hindert den Tukan nicht beim Fliegen (im Bild der Braunrückentukan; Ramphastos swainsonii). Seine innere Struktur ist leicht und fest. Tukane bedienen sich ihres Schnabels, um Früchte zu pflücken. Wenn sie einen Mauergecko oder einen Käfer fangen, schlagen sie ihn damit so lange auf einen Ast, bis die Beute tot ist.

73

Quetzal

Wissenschaftlicher Name:
Pharomachrus mocino
Größe: 35 cm (Männchen);
Schwanzlänge 1 m.
Vermehrung: 1- bis 2mal jährlich 2 hell-
blaue Eier in selbsthergestellten
Bruthöhlen; Männchen und Weibchen
bebrüten sie abwechselnd 17–18 Tage.
Nahrung: Früchte, nur selten Insekten
und kleine Wirbeltiere.
Lebensraum: Tropische Bergwälder in
Mittelamerika bis in 3000 m Höhe.

*Das schöne Federkleid des Quetzals ist beim
Männchen durch besonders lange Federn
der mittleren Oberschwanzdecken bereichert.
Diese können bis zu 1 m lang werden. Der
Flug des Vogels ist schnell und schwingend.
Er hat mehrere Ruflaute, darunter auch
ein leichtes Pfeifen.*

Die „Konquistadoren", die im 15. Jahrhundert aus Spanien nach Amerika
kamen, staunten über die zahlreichen Abbildungen mit einer grüngefie-
derten Schlange. Im Namen des legendären, als Gott verehrten Tolteken-
fürsten Quetzalcoatl, der „Grünfederschlange", sind die Symbole des
Himmels sowie der Erde, des Lebens sowie des Todes als Quetzal und
Schlange vereinigt.

Der legendäre Vogel, dessen Existenz lange Zeit sogar bezweifelt
wurde, mit den leuchtend grünen Deckfedern und dem roten Gefieder
auf der Bauchseite lebt in den unzugänglichsten Gebirgswäldern
Mexikos, Guatemalas, Honduras' und Costa Ricas. In Guatemala gibt es
eine Stadt und eine Münzeinheit mit seinem Namen; außerdem ist er der
Wappenvogel dieses Landes. Der Vogel verbringt die Monate
Mai–August (Regenzeit) in den Wäldern zwischen 1000 und 1400 m Höhe,
den Rest des Jahres in Bergwäldern bis zu 1800, ja 3000 m Höhe.

Der Quetzal ist wegen seines schönen Federkleides und seiner leichten
Art zu fliegen bei den Eingeborenen Mittelamerikas sehr beliebt.

Man erzählt sich auch, daß die Vögel die 30 000 Mayas, die in der
Schlacht von Quetzaltenango gegen die spanischen Eroberer gefallen
waren, mit ihren grünen Federn gewissermaßen als Totenwächter vollkommen bedeckt hätten. Dabei tränkte das Blut das Vogelgefieder, und
seitdem besitzen die Tiere eine rote Unterseite.

Kolibris

Der wahre Beherrscher der tropischen Regenwälder oder noch besser fast des ganzen amerikanischen Kontinents ist, noch vor dem Jaguar, der Anakonda, dem Tapir und dem Puma, der Kolibri. Vertretern der 321 Arten begegnet man bis an die Grenzen Patagoniens, im östlichen Teil der USA bis Kanada und weiter westlich bis zum Oregon und nach Alaska. Sie leben hier in allen Gebieten, in denen Blumen blühen. Doch bewohnen sie nicht nur alle geographischen Breiten, sondern fast auch alle Höhenzonen; jede Gegend, jede Örtlichkeit hat ihre eigenen Formen. Meist sind die jeweiligen Kolibriarten auf bestimmte Blüten spezialisiert. Schon der sehr verschiedene Bau des Schnabels läßt dies vermuten. Auch die Farbe des Gefieders gibt manche Anhaltspunkte für ihr Vorkommen. Kolibris mit einer unauffälligen Färbung halten sich im niederen Gestrüpp auf; bunte und metallisch schimmernde Formen bewohnen die höheren Abschnitte der Wälder. Diese Farben beruhen nicht auf eingelagerten Farbstoffen, sondern sind „Strukturfarben": sie entstehen durch den Feinbau der Federstrahlen, in denen das Licht so zerlegt wird, daß nur bestimmte Spektralfarben reflektiert werden.

Die Flugweise ist das auffallendste Merkmal der Kolibris. Der Vogel kann in der Luft auf der Stelle schweben und mit einer Folge von 50–78 Flügelschlägen in der Sekunde plötzlich in jede beliebige Richtung mit einer Geschwindigkeit von fast 100 km/h blitzschnell davonfliegen.

Wissenschaftlicher Name: Familie *Trochilidae*
Größe: 6–22 cm; Gewicht 2–20 g.
Vermehrung: 2- bis 3mal jährlich 2 weiße Eier; napfförmiges Nest in Astgabeln, Höhlen oder unter Felsvorsprüngen; Brutdauer 2–3 Wochen; Junge werden 22 Tage nach dem Schlüpfen flügge.
Nahrung: Vor allem weichhäutige Kerbtiere, Spinnen, Blütennektar.
Lebensraum: Offene Gebirgswälder, Buschsteppen, auch Regenwälder in fast ganz Nord-, Mittel-, Südamerika mit Ausnahme der arktischen Klimagebiete.

Der Schnabel des Kolibris ist schmal, spitz und bildet ein Rohr, in dem die Zunge ruht. Diese kann der Kolibri rasch hervorstrecken, um damit den Nektar aus den Blüten zu holen.

Kolibris sind auch die einzigen Vögel, die imstande sind, sich im Flug schnell rückwärts zu bewegen.

In der Luft „stehend", zieht der Kolibri mit seiner dünnen, röhrenähnlichen Zunge den Nektar aus den Blüten heraus. Neuere Untersuchungen haben ergeben, daß der Blütensaft kapillar hochsteigt.

Diese kleinen Vögel sind sehr angriffslustig, eifersüchtig und setzen ihren Schnabel in der Balz geschickt als Waffe gegen Rivalen ein. Auf andere Vogelarten üben die Kolibris nicht selten eine große Anziehungskraft aus; oft sind sie die Anführer von Vogelgemeinschaften, die auf Insektenjagd oder auf die Suche nach Nektar gehen. Sie treten dann immer sehr aufgeregt auf. Diese Gemeinschaften bilden sich jeden Tag neu und lösen sich am Abend wieder auf.

Die Wanderungen der Kolibris sind ein Phänomen für sich: einige dieser Vogelarten überfliegen ohne Pause und mit einem bis aufs letzte Milligramm berechneten Fettreservoir den Golf von Mexiko. Der Kalorienverbrauch der Kolibris ist in der Tierwelt wohl einer der höchsten und erfordert eine große Menge Sauerstoff. Der kleine Vogel verbraucht in der Ruhe 11–16 ccm und im Flug rund 68 ccm Sauerstoff je Stunde und pro Gramm Körpergewicht. Kolibris haben deshalb ein verhältnismäßig großes Herz, eine große atmende Lungenoberfläche sowie eine höhere Anzahl roter Blutkörperchen.

Der Kolibri kann bis zu 78 Flügelschläge in der Sekunde machen und somit im Flug die Richtung rasch ändern; er fliegt vorwärts und rückwärts oder bleibt in der Luft „stehen". Das Rückwärtsfliegen wurde zunächst von vielen Wissenschaftlern angezweifelt, bis durch Filmaufnahmen diese Besonderheit festgehalten werden konnte.

Arakanga

Der Arakanga oder Hellrote Ara *(Ara macao)*, der im Gebiet zwischen Mexiko und dem Amazonas lebt, ist wahrscheinlich eine der schönsten Papageienarten Amerikas. Die Gattung Ara zählt 22 Arten (davon sind 8 heute allerdings ausgestorben) und 21 verschiedene Unterarten; dazu gehören auch auffallend bunte Formen, wie z. B. der Grünflügelara *(Ara chloroptera)*, der Soldatenara *(Ara militaris)* und der Gelbbrustara oder Ararauna *(Ara ararauna)*.

Schon die spanischen Eroberer bewunderten die Bekleidungsstücke der Indios aus scharlachroten Arafedern, und ihnen fiel auf, mit wieviel Vorsicht die Ureinwohner die Bäume, in denen die Aras ihre Schlaf- bzw. Brutnester bauen, beobachteten und wie stolz sie auf diesen „Familienbesitz'' waren. Die Hellrote Ara ist ein intelligentes Tier, aber in der Nachahmung menschlicher Laute und Worte nur minder begabt; sein Gehirn ist achtmal so groß wie das eines Huhnes.

Dieser Papagei paßt sich der Gefangenschaft in den Zoologischen Gärten ziemlich gut an und vermehrt sich dort auch. Doch immer mehr Europäer halten es für eine Barbarei, Vögel, die gewohnt sind, frei unter dem tropischen Himmel zu fliegen, an einem Holzgestell anzubinden. Papageien können auf den Menschen die Psittakose oder Ornithose, eine Virusinfektion, übertragen. Wegen dieser gefährlichen Krankheit stellt man die Vögel in den Ausladehäfen unter Quarantäne.

Wissenschaftlicher Name: *Ara macao*
Größe: 80–90 cm.
Vermehrung: 2–3 glattschalige Eier werden in Baumhöhlen 25–28 Tage bebrütet; Nestlingszeit 3 Monate.
Nahrung: Früchte, Sämereien.
Lebensraum: Feuchtheiße Urwälder in Mittel- und Südamerika bis nördlichem Brasilien und Bolivien.

Der Arakanga kann mit seinem kräftigen Schnabel die härtesten Samenschalen öffnen.

Nachfolgende Seite: Detail des Flügels eines Arakanga. Die Eingeborenen Brasiliens schmückten ihre Pfeile mit diesen bunten Federn.

Klapperschlange

Zu den am höchsten entwickelten Vertretern der Familie der Grubenottern *(Crotalidae)* gehören die Klapperschlangen (Gattung *Crotalus*) mit 26 Arten, von denen allein 18 in Mexiko leben. Typische Merkmale sind ihre großen, gelben Augen mit der senkrecht stehenden Pupille, sowie eine tiefe Grube zwischen Nasenloch und Auge; dieses Organ ist der „sechste Sinn" dieser Schlangen. Es reagiert auf Wärmestrahlen und registriert allerfeinste Temperaturunterschiede. Am Schwanz befindet sich eine „Klapper" oder „Rassel". Sie besteht aus einer Anzahl ineinandersteckender, lockerer Hornschilder; sie sind beweglich und erzeugen ein zischelndes, tonloses Schwirren. Das Schwanzende vibriert dabei 40- bis 60mal pro Sekunde. Das Geräusch ist auf eine Entfernung bis zu 30 m noch hörbar. Man nimmt an, daß die Schlange die „Rassel" bei Gefahrensituationen benutzt; es soll den möglichen Angreifer warnen.

Die gefährlichste und wegen ihres Bisses am meisten gefürchtete Klapperschlange ist die Cascaval oder Tropische Klapperschlange. Diese Art, die von den Eingeborenen am Orinoco und am Paraná auch „Tod" genannt wird, lebt in den feuchten Urwäldern Mittel- und Südamerikas. Sie sind nachts aktiver als bei Tage. Ihr Gift enthält neben den für Klapperschlangen üblichen Bluts- und Gewebsgiften auch starke Nervengifte. Im Butantan Institut von São Paulo (Brasilien) bereitet man Gegenmittel aus ihrem eigenen Gift vor.

Wissenschaftlicher Name: *Crotalus durissus* (Tropische Klapperschlange)
Größe: Bis 2,10 m.
Vermehrung: Lebendgebärend; bis zu 47 Junge pro Geburt.
Nahrung: Vorwiegend Ratten, aber auch Vögel, Frösche.
Lebensraum: Dichte Wälder, Lichtungen, auch bebaute Flächen vom südlichen Mexiko bis Nordargentinien.

Eine Klapperschlange in typischer Drohstellung, also mit erhobenem Schwanzende. Die „Rassel" ist deutlich erkennbar. Die Schlange erzeugt damit ein zischendes, tonloses Schwirren.

Lanzenotter

Die etwa 60 Arten der amerikanischen Lanzenottern sind nicht weniger gefürchtet als die Klapperschlangen. Auch sie gehören zur Familie der Grubenottern (Familie *Crotalidae);* sie haben jedoch keine „Klapper''. Ihren Namen erhielt die Lanzenotter wegen der Form ihres Kopfes, der einer Lanzenspitze ähnelt. Die Tiere bevorzugen feuchte Lebensräume und sind oft in Zuckerrohr- und Bananenplantagen zu finden. Wenn die Lanzenotter erregt ist, vibriert sie mit dem Schwanz heftig gegen den Boden und erzeugt dabei ein rasches Klopfgeräusch.

In ihren Drüsen entwickelt sie ein stark wirkendes Gift, das schwere Gewebsschädigungen verursachen kann. Ihr Biß ist ohne Gegenbehandlung fast immer tödlich, da das Blut bereits nach kurzer Zeit ungerinnbar wird.

Die gefährlichsten Arten sind die Gewöhnliche Lanzenotter *(Bothrops atrox)* und die bis zu 1,50 m lange Jararaca *(B. jararaca);* sie ist die häufigste Giftschlange Brasiliens. Ihre Giftzähne werden über 2 cm lang.

Die früher von vielen Sagen umwobene Lanzenotter hat einen gefährlichen Feind, die fast schwarze Mussurana *(Clelia clelia).* Diese Trugnatter jagt die Lanzenotter, bis sie diese vollständig umschlingen und schließlich zerdrücken kann; anschließend verschlingt sie die Lanzenotter mit großem Appetit. Unglaublicherweise entwickelt die nützliche Mussurana keinerlei Aggressionen gegenüber Menschen.

Die gewöhnliche Lanzenotter ist eine gefürchtete Giftschlange, deren Biß ohne Gegenbehandlung tödlich wirkt.

Hundskopfboa

Der Ursprung der wohl schönsten Boa, der Hundskopfboa, liegt bis weit in vorgeschichtliche Zeit zurück. Ihre Vorfahren lebten bereits vor 200–100 Millionen Jahren im Zeitalter des Mesozoikums. Diese Riesenschlange (Familie *Boidae*) gehört zu den Arten, die überleben konnten.

Ihr Auge, das die Umgebung in den tropischen Regenwäldern von Brasilien und Guayana wahrscheinlich in roten Farbabstufungen aufnimmt, hat eine gute Sehfähigkeit bei Nacht entwickelt. Auch ist das dem Grubenorgan der Grubenottern entsprechende Sinnesorgan bei der Hundskopfboa besonders gut ausgebildet. Jedes Schild der Lippenränder besitzt eine grubenartige Vertiefung, so daß die Schlange ihre warmblütigen Beutetiere (Halbaffen, Opossum, Vögel, Eidechsen) selbst nachts leicht orten kann. Ihre langen und sehr kräftigen Vorderzähne ermöglichen ein Ergreifen der sehr wendigen und flüchtigen Beute.

Die Hundskopfboa ist eine reine Baumbewohnerin. Ihre smaragdgrüne Färbung mit den weißen und gelblichen Querbändern auf der Rückenmitte bietet im dichten Laub eine hervorragende Tarnung. Der zum Greiforgan entwickelte Schwanz gibt, indem er die Äste umschlingt, Halt.

Verblüffend ist die große Übereinstimmung im Aussehen und in der Lebensweise mit dem Grünen Baumpython; man bezeichnet solche Ähnlichkeiten als Korvergenzen. Der Grüne Baumpython lebt allerdings fast ausschließlich von Baumfröschen.

Wissenschaftlicher Name: *Corallus caninus*
Größe: Bis 2 m.
Vermehrung: Lebendgebärend.
Nahrung: Halbaffen, Opossums, Vögel, Eidechsen.
Lebensraum: Tropisches Südamerika.

Oben und nachfolgende Seiten: Die smaragdgrüne Hundskopfboa verbringt den größten Teil ihres Lebens auf Bäumen, wo sie ihrer Beute (Vögeln und Halbaffen) auflauert. Sie besitzt besonders lange und kräftige Vorderzähne.

Schnappschildkröte

Wissenschaftlicher Name: *Chelydra serpentina*
Größe: Panzerlänge 40 cm.
Vermehrung: Paarungszeit April bis Oktober; 12–15 Eier mit dünner Schale werden 10 cm tief in selbstgegrabenen Gruben abgelegt; die Jungen schlüpfen nach 100 Tagen.
Nahrung: Fische, Schlangen, Wasservögel, Aas.
Lebensraum: Binnengewässer von Südkanada bis Ecuador.

Unverwechselbares Merkmal aller Schildkröten ist ihr Panzer, der normalerweise aus Knochenplatten besteht, die von Hornschildern bedeckt sind. Im Bild eine südamerikanische Waldschildkröte (Testudo denticulata).

Das Erkennen einer Schnappschildkröte bedeutet selbst für einen Laien keine Schwierigkeit. Ihre typischen Merkmale, die sie von der großen Gruppe der gepanzerten Reptilien unterscheidet, sind ein reizbares und angriffslustiges Temperament, wache und forschende Augen sowie ein kaum zu stillender Appetit. Sie durchforscht gern ihre Umgebung oder unternimmt längere Wanderungen, um neue Jagdgebiete zu suchen. Ihr Körper wird von einem stattlichen Panzer geschützt, er macht die Schildkröte so zu einer lebenden Festung. Noch bei niedrigeren Temperaturen ist sie recht beweglich. Bei den nördlicher lebenden Formen handelt es sich mehr um tag-, bei den südlicheren um nachtaktive Tiere.

Die Schnappschildkröte ist ein unermüdlicher Jäger von Fischen, Schlangen und Wasservögeln. Meist liegt sie am Grunde der Binnengewässer auf der Lauer. Sie entfernt sich nie sehr weit von Flüssen oder Sümpfen. Legt sie dennoch gelegentlich längere Strecken auf dem Lande zurück, so geht es ihr dabei nur darum, einen günstigeren Lebensraum zu finden. Ihre Duelle im Wasser oder am Ufer, die sie selbst mit Giftschlangen aufnimmt, sind beeindruckend. Es handelt sich dabei um Kämpfe auf Leben und Tod, bei denen die Schlange normalerweise von den kräftigen, hakigen Kiefern und den starken Krallen der Schnappschildkröte zerrissen sowie anschließend von ihr verschlungen wird. Ihr plötzliches Einfallen in Süßgewässer überrascht ganze Fischschwärme,

die sie dann sofort frißt oder unter Wasser erfolgreich verfolgt. Dieses Verhalten macht sie bei den Fischern verständlicherweise unbeliebt. Auch badende Menschen werden angegriffen; sie haben ihnen schon eine Zehe abgebissen. Zudem ernährt sie sich nicht selten von Tierkadavern, die auf den Flüssen schwimmen oder die sie dank ihres feinentwickelten Geruchsinnesorgans selbst am Grunde des Gewässers aufspürt. Die Indianer machten sich diese Eigenschaft der Schnappschildkröte zunutze; sie banden das Tier an einem Seil fest und ließen es im Fluß nach Ertrunkenen suchen. Die Art der Wanderungen dieser Schildkröte auf der Suche nach einem neuen Revier sind besonders interessant. Auf ihrem Wege überwindet sie gefallene Baumstämme oder selbst steile Erdwälle.

Die Weibchen legen in selbstgegrabene, 10 cm tiefe Löcher im Uferbereich 12–15 Eier. Die Jungen schlüpfen nach etwa 100 Tagen.

Schnappschildkröten gehören zur Familie der Alligatorschildkröten *(Chelydridae)*. Sie sind verhältnismäßig schlechte Schwimmer, obwohl sie zwischen den Zehen Schwimmhäute besitzen. Da der Bauchpanzer stark zurückgebildet ist, können die Tiere ihren relativ großen Kopf und ihre Gliedmaßen nicht mehr im Panzer verbergen. Die Oberseite des Kopfes sowie die Gliedmaßen tragen wie der Rückenpanzer und der lange Schwanz hornige Höcker, die der Körperoberfläche eine entfernte Ähnlichkeit mit dem Panzer der Krokodile verleihen.

Schildkröten sind Eierleger und sehr fruchtbar. Das Weibchen gräbt ein Loch im Sand und legt dann eine große Anzahl von Eiern hinein. Dann deckt sie diese sorgfältig zu und überläßt sie ihrem Schicksal. Die jungen Schildkröten sind von einem noch zu weichen Schild nur ungenügend geschützt und somit vielen Gefahren ausgesetzt.

Piranha

Die Piranhas reagieren äußerst empfindlich auf Blutgeruch. Dadurch können sie auch einem Menschen gefährlich werden.

Die Piranhas genießen seit der Entdeckung Südamerikas einen sehr schlechten Ruf. Berichte aus dieser Zeit erzählen zum Beispiel von spanischen Soldaten, die ins Wasser gefallen waren und, obwohl man sie rasch zu retten versuchte, bis aufs Skelett abgefressen waren.

Viele Reiseschilderungen über die Grausamkeit dieser „Flußhyänen" mögen übertrieben sein, aber es steht fest, daß sie durch ihr Auftreten im Schwarm einem angefallenden Opfer sehr wohl in kurzer Zeit beachtliche Verletzungen zufügen können. Die kräftigen Kiefer und scharfen Zähne ermöglichen es ihnen, Fleischstücke aus größeren Lebewesen herauszubeißen. Man nimmt an, daß die Fische sich wechselseitig stimulieren, und daß durch das Blut angelockt, viele andere Piranhas sich schließlich um den Fraß streiten. So konnte ein großer Schwarm selbst ein 45 kg schweres Wasserschwein innerhalb kürzester Zeit bis auf die Knochen auffressen. Bei Mangel an Nahrung und entsprechend hoher Schwarmdichte bedeuten diese gefräßigen Räuber so sicherlich auch eine Gefahr für geschwächte oder verletzte Menschen. Normalerweise jedoch ernähren sich die Piranhas von Fischen. Im Gewässerhaushalt spielen sie eine große Rolle, da sie sehr rasch alle kranken Fische ausrotten. Auch beseitigen sie die Abfälle von Schlachthäusern oder Viehfarmen.

Piranhas gehören zur Familie der Scheibensalmler *(Serrasalmidae)*.

Zitteraal

Der Zitteraal ist schon seit 1729 bekannt; damals wurden erstmals Einzelheiten über ihn veröffentlicht. Zusammen mit dem Elektrischen Wels, den Nilhechten und dem Zitterrochen besitzt er die Fähigkeit, Elektrizität zu erzeugen und elektrische Schläge auszuteilen. Erwähnenswert ist, daß schon in der Antike der Elektrische Wels zur „Elektrotherapie" für gelähmte oder erfrorene Körperteile verwendet wurde.

Der Zitteraal ist zweifellos der Fisch, der die höchsten Spannungen erreichen kann: Entladungen von über 550 Volt und einer Stärke von knapp zwei Ampere. Jede Entladung besteht aus 4–8 Stromstößen; sie dauert nur $^3/_{1000}$ sec., und die Schläge können selbst für größere Säugetiere oder sogar für den Menschen gefährlich sein.

Diese Entladungen werden von ungefähr einer halben Million kleiner Platten, die in Reihen eng beieinanderliegen und durch eine weiße, gallertartige Masse verbunden sind, verursacht. Sie werden von Nerven angeregt, deren „Zentrale" sich im Gehirn des Fisches befindet. Die stromerzeugenden Platten liegen beiderseits der Wirbelsäule.

So besitzt der Zitteraal eine Waffe, die ihm nicht nur zur Verteidigung dient, sondern mit der er auch andere Fische oder Frösche mit einem elektrischen Schlag noch im Umkreis von 1 m lähmen kann; mit einer niedrigeren Impulsfrequenz verständigen sich die Artgenossen untereinander.

Wissenschaftlicher Name:
Electrophorus electricus
Größe: Bis zu 2 m.
Nahrung: Kleine Wassertiere, Fische, Frösche.
Lebensraum: Trübe, schlammige Wasserläufe im Amazonasbecken.

Der Gestreifte Messeraal (Gymnotus carapo) ist im Gegensatz zum Zitteraal beschuppt. Doch besitzt auch er die Fähigkeit, Elektrizität zu erzeugen. Die elektrischen Impulse von sehr geringer Spannung dienen der eigenen Orientierung.

Schwarze Witwe

Wissenschaftlicher Name:
Latrodectus mactans
Größe: Bis 10 mm (Weibchen).
Vermehrung: Kokon wird in einem Schlupfwinkel abgelegt und streng bewacht. Junge Spinnen bleiben im Nest und werden von der Mutter mit Nahrung versorgt.
Nahrung: Insekten.
Typische Merkmale: Eine der giftigen Spinnen; Biß kann unter Umständen auch beim Menschen zum Tode führen.
Lebensraum: Ganz Süd- und Nordamerika, Karibik.

Die Schwarze Witwe ist eine der giftigsten Spinnen überhaupt. Ihr Biß kann auch für den Menschen zum Tode führen.

Die Schwarze Witwe, deren Verbreitungsgebiet über ganz Nord- und Südamerika reicht, zählt mit Recht zu den giftigsten Spinnen überhaupt. Die gleiche Gewichtsmenge getrockneten Giftes der Schwarzen Witwe ist fünfzehn Mal stärker als das der Klapperschlange.

Sie gehört zur artenreichen Familie der Haubennetz- oder Kugelspinnen *(Theridiidae)*, die zwar weltweit verbreitet sind, deren Verbreitungsschwerpunkt jedoch in den wärmeren Ländern liegt. Die Schwarzen Witwen weben eine waagrechte Decke, die ringsum an der Vegetation befestigt wird. Ihre häufigsten Opfer sind die Bauern mit ihren Tieren, wenn sie sich den Waldrändern nähern, Bäume fällen oder in den sonnigen Lichtungen Futter schneiden. Auch gelangen die Tiere gelegentlich mit Holzimporten aus den Tropen in andere Gebiete.

Das Gift der Schwarzen Witwe verursacht starke Schmerzen und wirkt auf das Nervensystem; es kann unter Umständen auch beim Menschen tödlich wirken. Gegen den Biß der Schwarzen Witwe werden sowohl in den Vereinigten Staaten als auch in den Mittelmeerländern, wo sie ebenfalls anzutreffen ist, Gegengifte hergestellt.

In der Jugend macht die Schwarze Spinne mehrere Gestaltsveränderungen durch; sie frißt die schwächeren Exemplare ihrer Art auf. Nur verhältnismäßig wenige von ihnen erreichen nach einer 6–14 monatigen Jugendzeit das Erwachsenenstadium.

Orang-Utan

Energische Schutzmaßnahmen sind erforderlich, um das Überleben des Orang-Utans zu gewährleisten; er ist die am stärksten gefährdete Menschenaffenart. Die Besiedlung und Urbarmachung der dichten tropischen Regenwälder auf Sumatra und Borneo engt seinen Lebensraum immer mehr ein; aber auch der Handel mit Orang-Utans bedarf einer strengeren Kontrolle als bisher.

Unter den Menschenaffen unterscheidet sich der Orang-Utan vom Schimpansen und Gorilla durch seine extreme Anpassung an das Baumleben. Er steigt nur selten zum Boden herab und bewegt sich hangelnd sowie schwingend von Ast zu Ast, von Baum zu Baum, eine Technik, die er fast so gut wie der Gibbon beherrscht. Das Gewicht des Orang-Utans verlangsamt seine Fortbewegung jedoch wesentlich. Oft ruht er auch tagsüber in den Astgabeln der Bäume.

Neben anderen angeborenen Verhaltensweisen besitzt der Orang-Utan eine ausgeprägte Lernfähigkeit. Wenn ihm in der Freiheit oder in den Forschungslaboratorien eine Aufgabe gestellt wird, so erregt ihn dieses Problem. Er kann sich an früher gesammelte Erfahrungswerte erinnern und zieht es vor, neue Dinge zu erlernen, ohne dabei daraus, wie etwa andere Affen, einen sofortigen Nutzen zu ziehen.

Der Orang-Utan ist auch imstande, verschiedene Gegenstände als Hilfsmittel richtig einzusetzen. Mit einem Stock z. B. berührt er andere

Wissenschaftlicher Name:
Pongo pygmaeus
Größe: Bis 1,80 m; Gewicht bis 100 kg (Männchen), Weibchen bis 40 kg.
Vermehrung: Nach 8monatiger Schwangerschaft kommt ein 1,1–1,5 kg schweres Junges zur Welt; Stillzeit 3–4 Jahre; erst mit 10 Jahren geschlechtsreif.
Nahrung: Früchte, Blätter, Knospen, junge Triebe, Baumrinde, Insekten, Vogeleier, Eidechsen.
Lebenserwartung: Bis 30 Jahre.
Lebensraum: Dichter tropischer Regenwald auf Sumatra und Borneo.

Der Orang-Utan (sein Name stammt aus dem Malaiischen und bedeutet Waldmensch) ist schon seit langem bekannt. Bereits Plinius berichtete, daß es auf den indischen Bergen Satyrn gäbe, „bösartige Tiere mit menschenähnlichen Gesichtern".

Oben: Ein kleiner Orang hält sich am lichten Fell des Muttertiers fest. Die Pflege der Nachkommen beschäftigt die Weibchen sehr lange. Sie stillen ihr Junges bis zum dritten oder vierten Lebensjahr, auch wenn dieses bereits nach einem Jahr neben der Muttermilch feste Nahrung zu sich nimmt.

Nebenstehende Seite: Der Orang-Utan hat einen gutmütigen Gesichtsausdruck. Er besitzt nur wenige Feinde und fürchtet sich auch nicht vor dem Menschen, selbst wenn er diesem im allgemeinen aus dem Weg geht.

Gegenstände, zieht Ameisen aus ihrem Versteck heraus und verfolgt oder erschlägt damit Schlangen. Beobachter sahen, wie er vom Baum Äste und Stöcke auf Eindringlinge mit einer wesentlich größeren Treffsicherheit als der Schimpanse warf.

Der Orang-Utan ist ziemlich zurückhaltend, melancholisch und vorsichtig; im Vergleich zu den anderen Primaten führt er ein erstaunlich ungeselliges Leben. Eine durch den Urwald ziehende Familiengruppe umfaßt nie mehr als vier Tiere (Vater, Mutter, 1–2 Junge). Meist aber sind die Tiere Einzelgänger, die auf der Nahrungssuche oft weite Strecken zurücklegen.

Das Paarungsvorspiel wurd durch eine Art „Gesang" vom Männchen eingeleitet, zunächst leise summend, dann steigend zu einem lauten, tiefen Gebrüll und schließlich wieder abklingend. Nach einem ausgelassenen Fangspiel, wobei beide Partner laut grunzen, erfolgt die Paarung. Die Schwangerschaft dauert knapp 8 Monate, dann wird das unterent-

Oben: Der Orang-Utan ist unter den Menschenaffen am besten ans Baumleben angepaßt und steigt nur selten auf den Boden hinab. Er bewegt sich als „Schwinghangler" recht gemächlich von einem Ast zum anderen.

Nebenstehende Seite: Ältere Orang-Utans besitzen oft einen kräftigen Schnurr- und Kinnbart.

wickelte Jungtier geboren; es ist fast nackt sowie vollkommen hilflos, wiegt knapp 1500 g und klammert sich mit allen vier Händen sofort ans Fell der Mutter. Diese betreut es viele Jahre sorgfältig. Die Stillzeit dauert 3–4 Jahre, auch wenn das Orang-Junge neben der Muttermilch bereits einjährig feste Nahrung zu sich nimmt. Ihr Wachstum schreitet sehr langsam voran. Erst mit etwa 4 Jahren sind die Jungen selbständig und werden mit 10 Jahren geschlechtsreif. Da das Weibchen während der langen Stillzeit unfruchtbar bleibt, kann es somit bei einer Lebenserwartung von rund 30 Jahren nur 4–5 Junge im Laufe seines Lebens zur Welt bringen.

Gibbon

Wissenschaftlicher Name: *Hylobates moloch* (Silbergibbon)
Größe: 45–90 cm.
Vermehrung: Nach 7monatiger Schwangerschaft wird ein Junges geboren.
Nahrung: Blätter, Knospen, Früchte, Insekten, aber auch Eier und Kleinvögel.
Typische Merkmale: Organisierte Familienverbände und feste Wohngebiete; lassen sich gut in Gefangenschaft halten und erfolgreich züchten.
Lebensraum: Tropische Bergwälder auf Java und Borneo.

Ein Weißhandgibbon, der zum Trinken von den Bäumen heruntergestiegen ist. Die langen Arme dienen am Boden als „Balancierstangen". Imponierend jedoch sind die Hangel-, Schwing- und Springfähigkeiten der Gibbons im Geäst der Bäume.

Die Wissenschaftler sind sich heute darüber einig, daß die Familie der Gibbons *(Hylobatidae)* nichts – wie das noch der deutsche Naturforscher Ernst Haeckel vor knapp 100 Jahren vermutete – mit der Stammesgeschichte der Menschen zu tun haben. Aufgrund einer ähnlichen Embryonalentwicklung und ihrer Gewohnheit, sich beim Gehen fast immer aufrecht auf den zwei Beinen zu bewegen, war dies lange Zeit angenommen worden.

Vor rund 30 Millionen Jahren bewohnten verwandte Formen der Gibbons auch Afrika und Europa. Heute ist ihr Verbreitungsgebiet ausschließlich Südostasien und der Malaiische Archipel. Auffallendstes Merkmal dieser Tiere sind die langen, muskelstarken Vordergliedmaßen und die schmalen, langfingerigen Hände. Sie dienen in erster Linie der Fortbewegung und machten die Gibbons zu den Luftakrobaten unter den Herrentieren. Mit großer Leichtigkeit und Eleganz vermögen sie durch die Wipfel der Bäume zu hangeln und, sich von den Ästen abfedernd, weite Sprünge auszuführen.

Gibbons leben in Familiengemeinschaften. Diese bestehen aus 1–2 Weibchen, einem erwachsenen Männchen und mehreren Jungtieren unterschiedlichen Alters; alle anderen Gruppen gelten als feindlich gesinnt. Nur in sogenannten „offenen" Gebieten finden sich gelegentlich mehrere Gibbonfamilien friedfertig bei der Nahrungssuche zusammen.

Ansonsten verteidigen die Tiere durch einen mehrstündigen „Morgen- und Abendchorgesang" sowie durch Drohgebärden ihr angestammtes Revier. Der Gesang ist weithin hörbar, weshalb sie auch als die „Brüllaffen der Alten Welt" bezeichnet werden. Das Wohngebiet hat eine Größe zwischen 15 und 40 ha. Hier befinden sich auch ihre festen Schlafbäume, doch bauen die Gibbons keine Nester, sondern schlafen in sitzender Haltung.

Gibbons besitzen im Gegensatz zu den Menschenaffen in beiden Geschlechtern stark verlängerte Eckzähne. Ihre Nahrung besteht aus Baumfrüchten, Blättern, Knospen, Blüten sowie Insekten, Weichtieren und kleineren Wirbeltieren. Gelegentlich fangen sie auch Kleinvögel und räubern Vogelnester aus.

Beim Trinken tauchen sie die Handrücken ins Wasser und saugen dann die Wassertropfen aus dem Fell und von den Knöcheln ab.

Als größte Feinde der Gibbons gelten Leoparden, Greifvögel und Schlangen. Aufgrund ihrer wachen Sinne jedoch sind sie nur schwer zu fangen. Bereits das leiseste Geräusch veranlaßt sie, bellende Warnrufe auszustoßen und geschwind im dichten Laubwerk zu verschwinden.

Gibbons sind – abgesehen vom größten aller Langarmaffen, dem Siamang *(Symphalangus syndactylus)* – schlechte Schwimmer. Ihr dichtes Fell saugt sich rasch voll Wasser, so daß sie meist ertrinken.

Gibbonweibchen mit ihrem Jungen, das sich in seinen ersten Lebensmonaten am Bauchfell des Muttertieres festklammert. Im Gegensatz zu anderen Affen werden die Jungen nie auf dem Rücken mitgeführt.

Rhesusaffe

Rhesusaffen spielen in der medizinischen Forschung seit vielen Jahren eine bedeutende Rolle. An ihnen entdeckte man 1940 den Rh-Faktor, ein erbliches Merkmal in den roten Blutkörperchen, das auch bei ca. 85% aller Menschen vorhanden ist und das unter bestimmten Voraussetzungen zu schweren Schädigungen oder gar zum Tode führen kann. Dem Rhesusaffen verdanken wir die erfolgreiche Bekämpfung der spinalen Kinderlähmung durch ein Serum. Auch Untersuchungen seines Verhaltens führten zu wichtigen Erkenntnissen. So lernten Rhesusaffen die Futtermenge in einem Automaten mit der Farbe von einzuwerfenden Münzen in Beziehung zu bringen und für sich auszunutzen.

Rhesusaffen bewohnen Waldungen, Felsgebiete und bewachsene Flußufer im nördlichen Vorder- und Hinterindien sowie in Südchina. Inzwischen verlagert der Rhesusaffe jedoch seine Wohngebiete immer mehr in die Nähe der Menschen. In Indien, wo er als heiliges Tier verehrt wird, plündert er Plantagen und hält sich auch zahlreich in Städten und Dörfern auf.

Wissenschaftlicher Name:
Macaca mulatta
Größe: Bis 45 cm; Schwanzlänge bis 25 cm.
Nahrung: Blätter, Knospen, Früchte, Samen, Knollen; auch kleine Tiere.
Typische Merkmale: Leben in Trupps unterschiedlicher Größe mit hierarchischer Ordnung.
Lebensraum: Waldungen, felsige Landschaften in weiten Teilen Indiens bis Südchina; auch in landwirtschaftlich genutzten Gebieten.

Oben und nebenstehende Seite: Der Rhesusaffe ist der am häufigsten gehaltene Affe in unseren Zoologischen Gärten. Aufgrund seiner nahen Stellung zum Menschen gilt er als wichtiges Versuchstier.

Lori

Wissenschaftlicher Name:
Nycticebus coucang
Größe: 32–37 cm; Schwanzlänge 1–2 cm.
Vermehrung: Nach 4monatiger Tragzeit wird meist nur ein Junges geboren.
Nahrung: Insekten, Eidechsen, Vogeleier, Blüten, Blätter, Früchte.
Typische Merkmale: Nachtaktive Baumbewohner; Fortbewegung besonders langsam.
Lebensraum: Urwälder Hinterindiens und der Sundainseln.

Oben: Weibchen und Jungtier des Plumploris. Der kleine Halbaffe klammert sich sofort nach seiner Geburt am Bauch des Muttertieres fest und wird lange Zeit so von ihm herumgetragen.

Nebenstehende Seite: Genau wie der Plumplori, so ist auch der kleinere, nahe verwandte Schlanklori ein Nachttier. Im Halbdunkel leuchten seine Augen.

Der französische Forscher Jean de Thévenot sah 1684 am Hof eines indischen Großmoguls zum erstenmal einen Lori und dachte, es handle sich um ein Faultier. Dieser Irrtum blieb so lange bestehen, bis der französische Zoologe G.-L. Buffon erkannte, daß es sich um einen Halbaffen handelt. Der Lori gehört also zu einer Unterordnung der Herrentiere oder Primaten.

Die Loris sind nächtlich lebende Baumbewohner mit großen, sehr lichtempfindlichen Augen, die im Halbdunkel leuchten; eine Schicht hinter der Netzhaut reflektiert die einfallenden Lichtstrahlen. Die schlanken Gliedmaßen sind auffallend lang. Hände und Füße funktionieren als Greiforgan. Der Daumen und die Großzehe können den anderen Fingern und Zehen gegenübergestellt werden; der zweite Finger und die zweite Zehe sind sehr verkürzt. Der Lori klettert bedächtig durch das Geäst der Bäume mit völlig mechanischen Griffen, die den Sehnen und Muskeln wahrscheinlich keinerlei Anstrengung kosteten.

Loris markieren ihr Wohngebiet, der Schlanklori *(Loris tardigradus),* indem er Hand- und Fußflächen mit Harn benäßt und dadurch beim Laufen eine Duftspur hinterläßt; der Plumplori schleift sein Hinterteil über die Äste und sondert dabei den Harn ab.

Letzterer ist größer sowie untersetzter gebaut als sein Verwandter und auch noch etwas träger in seinen Bewegungen.

Indischer Flughund, Flugfuchs

Wissenschaftlicher Name:
Pteropus giganteus
Größe: 30 cm; Flügelspannweite 120 cm.
Vermehrung: 1–2 Junge; werden von der Mutter nach der Geburt noch längere Zeit umhergetragen.
Nahrung: Vorwiegend Früchte.
Typische Merkmale: Bilden große Schlafkolonien; nachtaktiv.
Lebensraum: Düstere Urwälder und Obstplantagen in Vorderindien und Ceylon.

Flughunde ernähren sich vegetarisch; sie richten in Obstplantagen oft große Schäden an. Im Bild ein Kalong oder Fliegender Fuchs, der größte aller Flughunde.

Die Flughunde (Familie *Pteropidae*) gehören innerhalb der Ordnung Fledertiere *(Chiroptera)* zur Unterordnung der Flederhunde *(Megachiroptera)*. Sie bewohnen dunkle Waldungen und hängen tagsüber oft zu Hunderten an den Ästen. Meist beginnen sie erst in der Dämmerung auf Nahrungssuche zu gehen. Dank ihrem gut entwickelten Gesichts- und Geruchssinn spüren sie verhältnismäßig leicht die Futterquellen auf.

Die Flughunde leben fast ausschließlich vegetarisch; sie bevorzugen saftige und süße Früchte. In den Obstplantagen der altweltlichen Tropen richten sie dabei oft großen Schaden an. Sind sie einmal in einen Fruchtgarten eingefallen, so fressen die Flughunde hier die ganze Nacht hindurch. Man kann sich vorstellen, daß die Plantagenbesitzer diese Tiere energisch verfolgen.

Die Früchte saugen sie mehr aus, als daß sie dieselben fressen. Das haben Untersuchungen an Indischen Flughunden ergeben. Ihr Magen und ihre Därme enthalten lediglich eine klebrige Flüssigkeit oder einen milchigen Schleim. Der Faserstoff und die Kerne werden wieder ausgespuckt. Auf diese Weise sorgen die Tiere unbewußt wenigstens für die Verbreitung der Pflanzen, von denen sie sich ernähren. Andere Flughunde saugen Nektar aus Blüten und übertragen somit die Pollen.

Die Weibchen bringen jährlich 1–2 Junge zur Welt, die sich an ihrer Brust festklammern und von ihr längere Zeit umhergetragen werden.

Tiger

Der Tiger ist ein typischer Fleischfresser. Er bewohnte ursprünglich große Gebiete Asiens vom Kaukasus bis zum Amur-Ussuri-Gebiet und im Süden bis Vorder- und Hinterindien, China, Sumatra, Java sowie Bali. Heute gilt die größte aller Katzen als vom Untergang bedroht.

Ihr rötlichgelbes bis rostbraunes Fell mit den schwarzen Querstreifen ist eine Anpassung an das Leben in den dichten Schilfbeständen oder das Halbdunkel des Dschungels. Der Tiger führt im allgemeinen ein Einzelgängerdasein. Sein Revier, das beim Männchen in wildreichen Gebieten ungefähr 55 km² groß ist, begrenzt er durch deutliche Kratzspuren an den Bäumen und wahrscheinlich auch durch Kot.

Der Tiger hat sich vollkommen auf den Dschungel mit seinen Gewässern und seinem unebenen Gelände eingestellt. Wenn die Lage es erfordert, kann er leicht auf Bäume klettern oder breite, starke Ströme schwimmend überqueren. Im Mündungsgebiet des Ganges im Golf von Bengalen entwickelt sich der Tiger immer mehr zu einem in Ufer- und Meeresnähe lebenden Säugetier. Hier sind schon Tiger beobachtet worden, die entfernt vom Ufer im Meer schwammen.

Die Beutetiere des Tigers in Indien sind in erster Linie Axishirsche, Wildrinder (Arni, Gaur), Sambarhirsche, Nilgauantilopen, Schabrackentapire, Stachelschweine, Hausrinder und -büffel. Er schleift die geschlagene Beute meist weit von der Überfallstelle in Wassernähe fort,

Wissenschaftlicher Name:
Panthera tigris
Größe: 1,40–2,80 m; Schwanzlänge 60–95 cm.
Vermehrung: Nach 3- bis 4monatiger Tragzeit etwa 2–3 blinde Junge; Jungtiere bleiben etwa 2 Jahre bei der Mutter.
Lebenserwartung: 20–25 Jahre.
Lebensraum: Dschungel, große Waldungen, schilfbewachsene Flußufer in eng umgrenzten Gebieten Süd- und Ostasiens.

Ein Tiger hat seine Beute gesichtet. In solchen Fällen stellt er die Ohren auf, streckt den Schwanz, und sogar die Haare seines Fells stellen sich auf. Dieses ist die klassische Stellung, um sich dann mit einem oder mehreren großen Sprüngen auf die Beute zu stürzen.

101

wobei er ungeahnte Kräfte entwickelt. Die Beute verzehrt der Tiger von den Keulen her. Kopf und Beine bleiben von den größeren, die Hufe bei kleineren Tieren übrig. Der Fleischbedarf eines erwachsenen Tigers beträgt 7–9 kg am Tag. Im Gegensatz zum Leoparden und zum Löwen, die unregelmäßig zum getöteten Tier zurückkehren, um es zu Ende zu verspeisen, deckt der Tiger die Reste seines Mahls mit Laub oder Reisig ab. Er bleibt in der Nähe der erlegten Beute und ist so imstande, hungrige Hyänen oder Schakale jederzeit von den Überresten zu vertreiben.

Der Mensch wird im allgemeinen nicht vom Tiger angegriffen. Im Gegensatz zum Leoparden überfällt er Menschen nur in Notsituationen,

Oben: Das Schattenspiel seiner Umgebung erleichtert dem Tiger ein unauffälliges Voranschreiten im Dschungel. Er ist die größte aller Katzen.

Nebenstehende Seite: Im Gegensatz zu vielen anderen Raubtierarten sucht der Tiger auch Gewässer auf, in denen er geschickt und sicher schwimmt.

Bei der Geburt sind die jungen Tiger blind und etwa so groß wie eine kleine Hauskatze. Das Muttertier beschützt und pflegt sie sorgfältig.

wenn z. B. der Wildbestand in der Gegend gering ist oder wenn die Tiere selbst krank oder geschwächt sind. Erst in diesen Fällen wird der Tiger zum „Menschenfresser". Die Angriffe der Großkatzen erfolgen stets so schnell und plötzlich, daß an ein Ausweichen – besonders in Engpässen waldreicher Schluchten – kaum zu denken ist. So bleibt es in gewissem Maße verständlich, daß diese Raubtiere unerbittlich bekämpft werden. Früher wurden Tiger mit gezähmten Elefanten gejagt. Einfacher war das Aufstellen von Fallen aller Art in der Nähe von Stellen, die von Tigern öfters aufgesucht wurden. In seiner Existenz wird die Großkatze jedoch weit entscheidender durch die moderne Großwildjagd gefährdet, bei der das wertvolle Fell, die reine Jagdleidenschaft oder lediglich die seltene Trophäe wesentliche Anreize zum Töten sind.

Echte Jäger, die Tiger erlegen müssen, töten nur ungern diese wunderschönen Tiere, und die intensive Jagd hat natürlich auch dazu geführt, daß derzeit nur noch der Indische Königstiger *(Panthera tigris tigris)* relativ häufig vorkommt (schätzungsweise 2000–3000 Tiere in freier Wildbahn), während alle anderen Unterarten fast ausgerottet sind.

Indischer Mungo

In seinem „Dschungelbuch" schildert der englische Schriftsteller Rudyard Kipling anschaulich den Kampf zwischen einem Indischen Mungo und einer Giftschlange. Diese Geschichte aus der englischen Kolonialzeit berichtet spannend von dem Mungo Rikki Tikki Tavi, der mit den Menschen befreundet war, und von seinem Bemühen, das Haus seiner Freunde von giftigen Schlangen zu befreien. Der Indische Mungo ist der berühmteste unter den zehn Gattungen mit rund 30 Arten und über 150 Unterarten dieser blitzschnellen und schlauen Tiere. Es genügt tatsächlich allein die Begegnung mit einer Schlange, selbst wenn diese sehr stark und giftig ist, um den Mungo zum Kampf zu reizen. Er versucht das Reptil mit schnell aufeinanderfolgenden Sprüngen und Umkreisungen zu verwirren. Die Schlange ermüdet schließlich, der Mungo schnappt sie am Hals und läßt sie erst los, wenn sie tot ist.

Die Mungos, auch Ichneumons oder Mangusten genannt, gehören zur systematischen Gruppe der Schleichkatzen *(Viverridae).* Der Indische Mungo eignete sich am besten zur Zähmung. Er versteht, das Haus von Ratten, Mäusen und Giftschlangen zu säubern. Wegen dieser Eigenschaften wurde er auch auf der Malaiischen Halbinsel und den Antilleninseln angesiedelt. Doch das brachte mehr Verdruß als Nutzen. Die Manguste befreite die Bewohner zwar von der Schlangenplage, stellte aber zugleich dem Hausgeflügel stark nach und gilt als Überträger der Tollwut.

Wissenschaftlicher Name: *Herpestes edwardsi*
Größe: 45–50 cm; Schwanzlänge 38–41 cm.
Vermehrung: Nach 8- bis 9wöchiger Tragzeit 2–4 Junge.
Nahrung: Eidechsen, Giftschlangen, Nagetiere, Vögel.
Typische Merkmale: Am besten von allen Mangusten zur Zähmung geeignet; sehr sauber, munter und verhältnismäßig gutmütig; tagaktiv.
Lebensraum: Lichte Waldungen mit Unterholz im südlichen Indien und Birma.

Unter den gut 30 Arten der Unterfamilie Mangusten ist die hier gezeigte Zwergmanguste (Helogale) mit einer Gesamtlänge von 50 cm die kleinste.

Nachfolgende Seite: Die Zebramanguste beobachtet während einer Jagdpause ihre Umgebung; dabei richtet sie sich auf die Zehen der Hinterfüße auf.

Binturong

Zur formenreichen Familie der Schleichkatzen *(Viverridae)* gehört der Binturong, den man systematisch früher zu den Kleinbären stellte und Marderhund nannte. Unter den Palmenrollern (Unterfamilie *Paradoxorunae)* ist er der größte; sein zottiges, rauhhaariges Fell läßt ihn noch plumper erscheinen, als er bereits ist. Tagsüber verbirgt sich der Binturong im Geäst, wo sein oft von Algen bewachsener schwarzer Pelz, so dunkelgrün gefärbt, als gute Tarnung wirkt. Er ist ein schwerfälliger Fleisch- und Pflanzenfresser des Dschungels sowie der dichten Waldungen vom mittleren Himalaja bis nach Sumatra und Borneo. Er kann gut klettern und sich wie einige Affenarten mit seinem Greifschwanz an den Ästen festklammern. Auf dem Boden tritt er mit der ganzen Fußsohle auf; in seiner Gangart ähnelt er dabei also mehr einem Bär, zumal ihm auch das typische Schleichen der anderen Familienvertreter fehlt.

Das Gebiß des Binturongs ist im Verhältnis zu seiner Körpergröße klein. Er frißt Früchte, Bambusschößlinge, junge Triebe, Insekten, Baumfrösche und Vögel; letztere verzehrt er ungerupft. Der Geruchssinn steht von allen Sinnen an vorderster Stelle; die Gesichts- und Gehörsinnesorgane sind jedoch gleichfalls gut entwickelt.

Mit dem Menschen verträgt er sich gut; in seiner Obhut großgezogen, wird er zum verspielten und lustigen Gesellen. Auch seine Zucht gelang in zahlreichen zoologischen Gärten.

Wissenschaftlicher Name: *Arctitis binturong*
Größe: 90–100 cm; Schwanzlänge 80 cm.
Vermehrung: Nach 3monatiger Tragzeit 1–2 Junge, die von beiden Eltern aufgezogen werden.
Nahrung: Früchte, Bambusschößlinge, junge Triebe, Insekten, Baumfrösche, Vögel.
Typische Merkmale: Wickelschwanz; gewandter Kletterer; nachtaktiv.
Lebensraum: Dschungellandschaften vom mittleren Himalaja über Assam, Birma, Laos, Kambodscha und Malaysia bis Sumatra, Java, Borneo.

Der Binturong ist der größte Vertreter der Palmenroller und deren einziger Vertreter, der sich mit seinem Schwanz wickelbärartig aufhängen kann.

Lippenbär

Wissenschaftlicher Name: *Melursus ursinus*
Größe: 1,4–1,80 m; Schwanzlänge 10–12 cm; Schulterhöhe 60–90 cm.
Vermehrung: Nach 7monatiger Tragzeit werden mitten im Winter 2–3 Junge geboren; nach 70–80 Tagen verlassen sie die Höhle; die Jungtiere verlassen die Mutter erst nach 2–3 Jahren.
Nahrung: Vorwiegend saftige Pflanzenteile (Laub, Blüten, Zuckerrohr, Baumfrüchte), aber auch Insekten und Bienenhonig.
Lebensraum: Wälder in Vorderindien und auf Ceylon; vor allem im Flachland.

Oben: Der Lippenbär oder Bhalu verschläft den Tag und liegt dabei häufig auf dem Rücken.

Nebenstehende Seite: Der langhaarige Lippenbär ist hauptsächlich Vegetarier, frißt aber auch sehr gern Wespen und Termiten, die er aus ihren Nestern hervorholt.

Die possierlichen Jungen des Lippenbären aus Vorderindien kommen zum erstenmal im Frühling aus ihren Höhlen. Ihre Entdeckungszüge im weiten Dschungel sowie die harmlosen Raufereien und Streiche jeder Art stellen die Geduld des Muttertieres oft auf eine harte Probe. Es ist zu verstehen, wenn die Eingeborenen behaupten, die Bärenmutter sei immer schlechter Laune, weil die quicklebendigen Jungen sie kaum zur Ruhe kommen lassen.

Der Name Lippenbär ist auf sein Äußeres bezogen. Er hat ein langes, grobhaariges, schwarzglänzendes Fell, einen hufeisenförmigen, weißen Fleck auf der Brust und weit vorstreckbare, stark dehnbare Lippen. Diese und die lange, schmale, vorn abgestutzte Zunge benutzt er wie eine Saugröhre, um Ameisen und Termiten anzuziehen, nachdem er mit den mächtigen Sichelkrallen eine Öffnung in harte Termitenbauten oder Ameisenhaufen gegraben hat. Er hat erkannt, daß die Eingeborenen Gefäße an die Dattelpalmen hängen, um den milchigen Saft (Palmwein), der aus den Einkerbungen fließt, aufzufangen. Diese Bäume ersteigt der Lippenbär mit großer Geschicklichkeit. Die Tiere unternehmen zu dritt oder zu viert nachts ihre Streifzüge und kippen mit den Pranken die Gefäße um, um den süßen Saft zu trinken. Sie plündern auch gern die Honigwaben der wilden Bienen. Tagsüber schlafen die Lippenbären in Fels- oder Erdhöhlen. Hier bringen sie auch ihre Jungen zur Welt.

Panzernashorn

Wissenschaftlicher Name: *Rhinoceros unicornis*
Größe: 2,10–4,20 m; Schwanzlänge 60–75 cm; Schulterhöhe 1,10–2,00 m; Gewicht bis 2000 kg.
Vermehrung: Paarung März/April; nach 15- bis 16monatiger Tragzeit wird ein Junges geboren; es wiegt 65 kg.
Nahrung: Pflanzenfresser (junge Gräser, Knospen, Zweige).
Lebensraum: Dschungel, Schilfwälder südlich des Himalajas in Schutzgebieten.

Eine seltene Aufnahme des Javanashorns in seiner natürlichen Umgebung. Die Gesamtzahl dieser Nashörner dürfte nicht höher als 50 sein, von denen 25 Tiere geschützt in einem Reservat auf Java leben.

Nashörner waren früher weit verbreitet in den Sumpfgebieten Hinterindiens und in Ostafrika. Die Jagd hat inzwischen jedoch derartige Ausmaße angenommen, daß verschiedene Arten vor der Ausrottung stehen. Afrikanische Nashörner leben vor allem in den Schutzgebieten, und vom indischen Panzernashorn sowie dem Sumatranashorn gibt es nur noch einige hundert Tiere; das Javanashorn steht kurz vor dem Aussterben. Das afrikanische Spitz- und Breitmaulnashorn sowie das Sumatranashorn haben zwei Nasenhörner, die anderen ein Horn.

Nashörner gehören nach den Elefanten zu den größten Landsäugetieren. Die Tiere leben meist einzelgängerisch und nur selten in kleinen Gruppen.

Wie alle Nashörner suhlt sich auch das Panzernashorn gern. Hier und an den Weideplätzen legt es – wie auch die Breitmaulnashörner – Kothaufen an. Es dürfte sich um Duftmarken handeln, die der Orientierung dienen. Die Haut des Panzernashorns ist durch Falten in verschiedene große Platten eingeteilt; diese gaben ihm den Namen. Die Oberlippe hat eine fingerartige Verlängerung. Mit ihr wird die Nahrung, die ausschließlich aus Pflanzenstoffen besteht, in das Maul befördert.

Das einzige Junge wird nach einer Tragzeit von rund 15–16 Monaten geboren, und es trägt bei einem Gewicht von etwa 65 kg bereits das volle Faltenkleid wie die erwachsenen Tiere.

Asiatischer Elefant

Nur zwei von einst vielen Arten der Rüsseltiere (Ordnung *Proboscidea*) bevölkern auch heute noch unsere Erde: der Asiatische und der Afrikanische Elefant *(Loxodonta africana)*. Ersterer unterscheidet sich von seinen afrikanischen Verwandten durch die beiden großen Stirnwülste am Kopf, die kleineren Ohren und die nach oben gewölbten Rückenlinie sowie nur einen fingerförmigen Fortsatz am Ende des Rüssels; sie haben außerdem meist eine größere Zahl der Hufzehen (Vorderfuß 5 statt 4, Hinterfuß 4 statt 3), und die Stoßzähne sind bei den Kühen der Asiatischen Elefanten oft nur schwach entwickelt oder fehlen vollständig.

Der vor allem als Arbeitstier bekannte Asiatische Elefant besiedelt heute nur noch Vorderindien, Hinterindien, Malaysia und Birma. Wie in den früheren Kolonialzeiten findet ab und zu eine „Khedda", ein Kraalfang, statt. Es handelt sich hierbei um eine Elefantenjagd, bei der die Tiere in eingezäunte Gehege gedrängt werden. Hier erfolgt ihre Zähmung und Abrichtung für Transportarbeiten.

Der Mensch zähmte Elefanten bereits zur Zeit der alten Hochkulturen im Industal (ca. 3500 v. Chr.). Die Berichte über die Feldzüge Alexanders des Großen erzählen vom indischen König Poro, der sein Leben einem Elefanten verdankt. Das Tier schützte ihn während der Schlacht wie ein lebender Schild und zog ihm die Pfeile, die ihn getroffen hatten, mit dem Rüssel heraus.

Wissenschaftlicher Name: *Elephas maximus*
Größe: 5,50–6,40 m; Schwanzlänge 1,20 bis 1,50 m; Schulterhöhe 2,50–3,00 m; Gewicht bis 5000 kg.
Vermehrung: Nach 20- bis 22monatiger Tragzeit wird ein Junges geboren; Stillzeit bis zu 2 Jahren.
Nahrung: Blätter, Holz, Rinde.
Lebenserwartung: In freier Wildbahn bis knapp 40 Jahre.
Lebensraum: Regenwälder und Dschungel in Süd- und Südostasien; auch im Gebirge sowie in Tropenwäldern.

Eine Herde Asiatischer Elefanten an den Ufern eines Flusses, an dem sie sich ausruhen. Sie bewohnen die verschiedensten Lebensräume und werden gern als Arbeitstiere eingesetzt.

Obwohl Mensch und Elefant nun schon lange Zeit zusammenleben, sind noch nicht alle Geheimnisse des asiatischen Riesen erforscht. Dies gilt z. B. immer noch für die eigentümliche Erscheinung, die die Inder „Musth" nennen und während der der Elefant zu nicht berechenbaren Zeiten unter nervösen Spannungen leidet. In diesem Zustand sondern die Schläfendrüsen zwischen Augen und Ohr eine dunkle, stark riechende Flüssigkeit ab. Die Musth dauert manchmal nur wenige Stunden, gelegentlich auch mehrere Monate. Zu diesem Zeitpunkt kann der Elefant·gefährlich und ohne Grund zum Angreifer werden.

Der Asiatische Elefant ist von Sagen und Legenden umwoben. Es gibt z. B. keine Elefantenfriedhöfe, auf die sich die Tiere ahnungsvoll zum Sterben zurückziehen. Die Leichen der Elefanten liegen fast immer weit verstreut. Elefanten fürchten sich auch nicht vor Mäusen, die ihnen eventuell in den Rüssel kriechen könnten; die Tiere wären bestimmt imstande, die Maus aus dem Rüssel hinauszublasen. Über sein Erinnerungsvermögen gibt es ebenfalls noch viele ungenaue Berichte. Untersuchungen ergaben, daß die Tiere, die am meisten von Menschen gepflegt wurden, sich mit ihrem Betreuer besser verstehen als mit anderen Menschen und zahlreiche Anweisungen von ihm genau behalten.

Oben: Elefantenkühe sind besorgte Mütter. Unter ihrer Obhut wagen sich die Jungen sogar in tieferes Wasser, wobei der Rüssel wie ein Schnorchel hochgehalten wird. Nebenstehende Seite: Der Schädel des Asiatischen Elefanten hat über den Augen zwei deutlich entwickelte Stirnwülste.

113

Wasserbüffel

Wissenschaftlicher Name: *Bubalus arnee*
Größe: 2,50–3,00 m; Schwanzlänge
60–100 cm; Schulterhöhe 1,50–1,80 m;
Gewicht bis 1000 kg.
Vermehrung: Nach 10- bis 11monatiger
Tragzeit wird ein Kalb geboren (selten
Zwillinge); Stillzeit 9 Monate.
Nahrung: Gräser, Kräuter, Sumpf-,
Wasserpflanzen.
Lebenserwartung: Bis 25 Jahre.
Lebensraum: Dschungel, Sumpfwälder
in Süd- und Südostasien, Nordborneo.

Der indische Wasserbüffel ist sehr genügsam. Er ist der Stammvater des Hausbüffels. Sein Verbreitungsgebiet ist heute nur noch Vorderindien, wo er vor allem in sumpfigen Gebieten lebt.

In manchen Gebieten Indiens, im dichten Dschungel und in Buschlandschaften, in Flußtälern sowie Sümpfen kann man heute noch wildlebenden Büffeln begegnen. Es sind massige Tiere; ihre blaugraue bis kastanienbraune Fellfärbung wird gelegentlich von helleren Flecken unterbrochen; der Kopfschmuck besteht aus ausladenden, dreieckigen Hörnern.

Der Wasserbüffel kann im dritten Lebensjahr bereits rund 750 kg wiegen. Trotz des wuchtigen Körpers sind seine Bewegungen kräftig und ausdauernd; er ist ein hervorragender Schwimmer. Geruch und Gehör sind unter den Sinnen am besten entwickelt.

Die Herden bestehen aus 10–20 Tieren; gelegentlich wurden auch schon größere Ansammlungen beobachtet. Wasserbüffel bevorzugen, wie der Name schon andeutet, die Nähe von Gewässern, in denen sie sich stundenlang aufhalten. Hier liegen sie eingetaucht im Wasser oder bedecken sich mit einer mehr oder weniger dicken Schlammschicht, um sich so gegen lästige, blutsaugende Insekten zu schützen.

Auf den Weideplätzen wird der Büffel oft von Kuhreihern oder Madenhackern aufgesucht, die seinen Körper von Zecken und anderen Schmarotzern befreien. Die älteren Bullen weiden abseits der Herde allein, und mit zunehmenden Alter ziehen sie die Nähe bewohnter Gebiete vor.

Wasserbüffel sind sehr wehrhafte Tiere. Es ist schon vorgekommen,

daß sie mit einem einzigen Angriff einen Asiatischen Elefanten umgeworfen haben oder daß sie der Spur eines angeschossenen Tigers in den Dschungel folgten und diesen schließlich mit den Hufen und Hörnern töteten.

Vom indischen Wasserbüffel stammt auch der zahme Hauswasserbüffel oder Kerabau ab, der in allen sumpfigen Gebieten Europas und Asiens beheimatet und nun auch in Mittel- und Südamerika sowie Nordaustralien eingeführt worden ist; in diesen Ländern verwilderte ein Teil der Tiere wieder. Im Mittelmeergebiet war der Büffel schon in der Antike bekannt. Im 8. Jahrhundert waren Karren mit vorgespannten Büffeln die „Straßenkreuzer" Europas. Heute sollen insgesamt rund 75 Millionen Hausbüffel auf der Erde leben. Der Grund ihrer erfolgreichen Verbreitung ist die körperliche Stärke, ihre Genügsamkeit und ihre Widerstandsfähigkeit gegen Krankheiten. Daneben spielt die Milcherzeugung eine bedeutende Rolle; eine Kuh gibt bei Stallhaltung knapp 2000 l Milch pro Jahr. Das Fleisch, aber auch die Haut und die Hörner als Rohstoffe zur Herstellung von Gebrauchsgütern werden ebenfalls genützt.

Ist der Hauswasserbüffel in den tropischen und subtropischen Sumpfgebieten (Reisanbau!) auch heute noch das wirtschaftlich bedeutendste Haustier, so verliert er mit zunehmender Technisierung in Europa als Arbeitstier immer mehr an Bedeutung.

Das Wasser ist für den Wasserbüffel lebenswichtig, sowohl zum Trinken als auch zum Baden. Hier verweilen die Tiere stundenlang und kauen auch die aufgenommene Nahrung wieder. Sie sind von einer Schlammschicht bedeckt, die sie vor blutsaugenden Parasiten schützt.

Axishirsch

Wissenschaftlicher Name: *Axis axis*
Größe: 1,10–1,40 m; Schwanzlänge
20–30 cm; Schulterhöhe 75–100 cm;
Gewicht bis 100 kg.
Vermehrung: Nach 7- bis 7^1/$_2$monatiger
Tragzeit werden 1–3 Junge geboren
(manchmal 2 Geburten im Jahr).
Nahrung: Pflanzenteile.
Lebenserwartung: 12–15 Jahre.
Lebensraum: Dschungel, lichte Wälder
in Flußnähe in Vorderindien, Nepal und
Ceylon.

*Der gesellige Axishirsch gehört zu den
schönsten Hirschen Südasiens. Er ist ein
vorzüglicher Schwimmer und rettet sich bei
Gefahr ins Wasser, um seinen Feinden zu
entgehen.*

Der lebhaft gefleckte Axishirsch bewohnt Nepal, Vorderindien und Ceylon. Sein Lebensraum sind der Dschungel und die lichten Wälder in Flußnähe. Charakteristisch ist die kräftige Weißfleckung auf dem hellrotbraunen Fell. Die Tüpfel bilden sieben unregelmäßige Reihen auf jeder Körperseite; ein dunkler Streifen verläuft längs über den Rücken. Das Geweih ist leierförmig geschwungen und meist sechssprossig; der Abwurf erfolgt nicht zu einer bestimmten Zeit.

Der Axishirsch ist zusammen mit dem Tiger einer der typischsten Vertreter der Tierwelt Indiens. In der Brunftzeit kann man die lauten, rauhen Rufe der Hirsche in der Nähe der Siedlungen hören. Die Tiere bilden nicht selten größere Rudel. Ihr geselliger Charakter verträgt sich ohne weiteres auch mit anderen Tieren. Oft sieht man Axishirsche mit Affen zusammen.

Der besonders schöne Hirsch war schon im Altertum bekannt und wurde in zahlreiche Wildgehege Europas eingeführt; in Deutschland lebt seit langem eine Herde im Wildpark Solitude bei Ludwigsburg.

Weil es in Neuseeland an einheimischen Säugetieren mangelte, wurden Axishirsche dort frei angesiedelt. Sie vermehrten sich aber so stark, daß sie bald eine Bedrohung für die Pflanzen- und die andere Tierwelt darstellten; besonders die Vogelwelt wurde durch ihre große Zahl gefährdet. So mußten zahlreiche Hirsche schon nach kurzer Zeit wieder abgeschossen werden.

Indischer Sambar

Der Indische Sambar, auch Pferde- oder Aristoteleshirsch genannt, war schon im Altertum bekannt. Der berühmte griechische Philosoph und Naturforscher Aristoteles beschrieb den Sambar nach dem Indienfeldzug Alexanders des Großen in seiner Naturgeschichte. Die englischen Jäger nannten ihn „Elk", da sie ihn wegen seiner Größe mit diesem verwechselten. Doch ähnliche Fehler sind keine Seltenheit; z. B. wurde auch der amerikanische Bison hartnäckig „Büffel" genannt.

In Wirlichkeit ist der Sambar der schönste und größte Hirsch Indiens. Einige Unterarten sind durch Bejagung und Zerstörung der Wälder in ihrem Bestand ernsthaft bedroht. Der Lebensraum des Sambars erstreckt sich über Süd- und Südostasien. Er lebt in Gruppen zu fünf oder sechs Tieren in den dichten Waldungen und im Bambusdickicht. Seine Mitbewohner sind Wasserbüffel, Wildschweine, Tiger. Letzterer ist gleichzeitig der natürliche Bewacher des Sambars. Wenn dieser, der als Beutetier des Tigers gilt, zu intensiv bejagt wird, so verlagert der Tiger seine Angriffe auf die Hausrinder und den Menschen. Der Sambar ist ein guter Schwimmer und kann leicht Seen oder Flüsse überqueren, um an neue Nahrungsquellen zu gelangen. Er ernährt sich hauptsächlich von Gräsern, Blättern und wildwachsenden Früchten.

In Australien, Neuseeland und Amerika wurde der Sambar mit Erfolg eingeführt.

Wissenschaftlicher Name: *Cervus unicolor*
Größe: 1,70–2,70 m; Schwanzlänge 25–35 cm; Schulterhöhe 1,20–1,50 m.
Vermehrung: Nach 8- bis 9monatiger Tragzeit werden 1–2 Junge geboren; Stillzeit 6 Monate.
Nahrung: Gräser, Blätter, Wildfrüchte.
Lebenserwartung: 12–20 Jahre.
Lebensraum: Dichter Dschungel und Bambusdickicht in Süd- und Südostasien.

Der Indische Sambar bewohnt dichte Wälder in Süd- und Südostasien. Man nennt ihn auch Aristoteleshirsch. Der griechische Philosoph beschrieb in seiner Naturgeschichte bereits diese Tiere.

Schnabeltier

Wissenschaftlicher Name:
Ornithorhynchus anatinus
Größe: 65 cm, Schwanzlänge 15 cm.
Vermehrung: 2 Wochen nach der Paarung 1–3 weichhäutige Eier; werden 7–10 Tage lang vom Weibchen allein bebrütet.
Nahrung: Würmer, Krabben, Schnecken, kleine Fische.
Lebenserwartung: 10–15 Jahre.
Lebensraum: Flüsse und stehende Gewässer an der Ostküste Australiens; Tasmanien.

Der lateinische Artname des Schnabeltiers (Ornithorhynchus anatinus) verweist auf die Besonderheit dieses Säugetiers: „entenähnlicher Vogelschnabel". Es ist ein vorzüglicher Schwimmer. Seine Nahrung „ertastet" das Schnabeltier mit der sensiblen Schnabelhaut, da es mit geschlossenen Augen taucht.

Die ersten Berichte über dieses Tier stammen aus dem Jahr 1797. Seitdem verwirrte das Schnabeltier die Naturforscher, die es nirgends im System der Tiere einzuordnen vermochten. Der „Wassermaulwurf", wie man ihn zuerst nannte, ist ein eierlegendes Säugetier, das auch heute noch eine Sonderstellung innerhalb dieser Klasse einnimmt. Es erinnert stark an die Reptilien und Vögel. Eine der Herzklappen z. B. sieht der eines Reptils ähnlich, und sein Schnabel ähnelt dem einer Ente, und die Schulterknochen sind wie bei den Vögeln gestaltet. Wie bei den Reptilien und Vögeln münden die Harn- und Geschlechtswege mit dem Darm zusammen in einem gemeinsamen Ausführgang (Kloake).

Das Männchen besitzt über den Zehen einen spitzen, hohlen Sporn, den es aufrichten kann. Aus einer an der Außenseite des Oberschenkels sitzenden Drüse kann eine giftige Flüssigkeit in diesen gespritzt werden; sie kann Artgenossen und kleinere Tiere töten.

Säugetiermütter besitzen im allgemeinen „Zitzen", mit denen sie ihre Jungen ernähren. Das Weibchen des Schnabeltiers dagegen gibt die Milch durch zwei Drüsenfelder an der Bauchseite ab. Ihre Jungen lecken diese auf.

Die ersten präparierten Tierbälge, die nach Europa gelangten, wurden zunächst belächelt. Man glaubte, skrupellose ostasiatische Präparatoren hätten auch diesmal mehrere Tiere beliebig zusammengesetzt. Diesen

Ruf besaßen sie, nachdem sie aus Affenbälgen und Fischschwänzen ausgestopfte „Seejungfrauen" hergestellt hatten und diese für teures Geld an den Mann zu bringen versuchten. Der australische Zoologe W. H. Caldwell entdeckte – fast zur gleichen Zeit wie der Deutsche W. Haacke beim Schnabeligel – die Eier des Schnabeltiers, die ähnlich wie die der Reptilien pergamentartige Gebilde sind. Am 10. August 1884 verschickte er folgendes berühmt gewordenes Telegramm an die Mitglieder der Britischen Zoologischen Gesellschaft: „Schnabeltiere eierlegend, Ei meroblastisch." Noch heute aber ist unser Wissen über die Lebensweise dieses merkwürdigen Lebewesens nicht vollständig.

Das Schnabeltier bewohnt Flüsse sowie stehende Gewässer an der Ostküste Australiens bis ins Landesinnere und kommt hier in Höhen bis zu 1600 m vor, wie z. B. am Mount Kosciusko. Hier gründelt es nach Würmern, Schnecken, Krabben und Larven; gelegentlich fängt es auch kleine Fische. Beim Tauchen schließt das Schnabeltier Augen und Ohren; die Beute wird mit der sehr empfindlichen Schnabelhaut aufgespürt.

In die Uferböschungen gräbt das Tier seinen Bau mit meist zwei Eingängen, einem unter der Wasseroberfläche, den anderen etwa 30 cm oder mehr darüber. Der lange Gang endet in einem geräumigen Kessel, in dem das Weibchen auch seine Jungen zur Welt bringt; Männchen und Weibchen graben und bewohnen getrennte Höhlen.

Das Schnabeltier gräbt seine Höhle in die Uferböschungen der Gewässer. Das Weibchen legt dort auch die Eier ab; der Zugang wird von innen her mit Erde verstopft.

Ameisen- oder Schnabeligel

Wissenschaftlicher Name: *Tachyglossus aculeatus* (Australien-Kurzschnabeligel)

Größe: 40–50 cm.

Vermehrung: Einen Monat nach der Paarung legt das Weibchen 1 Ei, das in den Brutbeutel rollt; larvenhaftes Junges schlüpft nach 7–10 Tagen; bleibt 6–8 Wochen im Brutbeutel und wird dann von der Mutter in einem Nest weiterbetreut.

Nahrung: Vor allem Ameisen, Termiten.

Lebensraum: Trockene Wälder und Gebirgsgegenden bis zu 2500 m Höhe in Australien sowie auf Neuguinea.

Der lange, schmale Schnabel des Ameisen- oder Schnabeligels ist in erster Linie ein Tast- und in zweiter ein Geruchsorgan; er endet in einer winzigen Mundöffnung.

Die Begegnung mit einem Ameisenigel versetzt uns heute noch genauso in Erstaunen wie den Schiffsoffizier Guthier. Als die „Providence", auf der Guthier fuhr, im Golf von Adventure vor Anker ging, trug Kapitän Bligh am 7. Februar 1792 in sein Logbuch ein: „... er hat ein sehr seltsam aussehendes Tier gefangen, mit einem flachen Kopf und dem Schnabel einer Ente, ohne Schwanz, aber mit einem Rücken wie ein Pinguin und starken Stacheln wie ein Igel..."

Das wichtigste Merkmal, das den Ameisenigel mit dem Schnabeltier verbindet: beide Tiere legen Eier. Während das Schnabeltierweibchen seinen Körper um die Eier rollt, legt das Ameisenigelweibchen sein Ei in eine Bauchtasche und brütet es dort aus. Der Ameisenigel lebt in Australien, Tasmanien, Neuguinea und auf den benachbarten Inseln. Er ist ein Bewohner von gebirgigen Gegenden und trockenen Wäldern. Ameisenigel sind scheue Dämmerungstiere. Tagsüber verbergen sie sich in Höhlen unter Baumwurzeln, in Erdlöchern oder Gesteinsspalten. Erst am Abend werden sie aktiv und gehen auf Nahrungssuche. Diese besteht vorwiegend aus Ameisen und Termiten, die sie, wie der Ameisenbär, mit der langen Zunge aus deren Haufen bzw. Bauten holen.

Innerhalb der Familie der Ameisen- oder Schnabeligel werden zwei Gattungen unterschieden: die Kurzschnabeligel *(Tachyglossus)* mit zwei Arten und die Langschnabeligel *(Zaglossus)* mit drei Arten.

Paradiesvögel

Als am 8. September 1522 die Überlebenden der Expedition des Weltumseglers Magellan auf dem Segelschiff „Viktoria" nach Sevilla zurückkehrten und der Italiener Antonio Pigafetta die ersten ausgestopften Paradiesvögel in ihrem prachtvollen Federkleid vorführte, herrschte ein großes Erstaunen. Die etwas einfache Art, diese Vögel auszustopfen, und die Angewohnheit der Eingeborenen, ihnen Verstümmelungen zuzufügen, ließen den Eindruck entstehen, die Tiere hätten keine Füße und auch keine Knochen. Eine der schönsten Arten in dieser großen Familie ist der Große Paradies- oder Göttervogel, der heute noch den Namen *Paradisaea apoda* („ohne Füße") trägt.

1782 gelang es dann dem Engländer John Lathan und 1824 dem französischen Schiffsapotheker René Lesson, die europäische Öffentlichkeit davon zu überzeugen, daß die Paradiesvögel wie alle anderen geflügelten Tiere auch Füße haben. Die Tatsache, daß sie im kaum zugänglichen Dschungel leben und sehr eigenartige Gewohnheiten haben, genügte, um phantasievolle Vorstellungen entstehen zu lassen. Die Informationen, die wir über das Leben dieser Vögel haben, sind verhältnismäßig dürftig. Wir wissen aber zum Beispiel, daß die Paradiesvögel ein sehr kurzes Familienleben führen. Die Männchen gewinnen die Zuneigung der Weibchen, indem sie vor ihm in oft stundenlangen Balztänzen ihr prächtiges Federkleid zur Schau stellen.

Wissenschaftlicher Name: Unterfamilie *Paradisaeinae*
Größe: 17–120 cm.
Vermehrung: Exstatische Balztänze durch Männchen; Nest meist napfförmig, wird vom Weibchen allein gebaut; 1–3 weiße Eier mit braunen Flecken; Weibchen brütet allein.
Nahrung: Beeren, Früchte, auch Kerbtiere.
Lebensraum: Tropische Waldgebiete auf Neuguinea, in Nordostaustralien, auf den Molukken.

Paradiesvögel tragen oft Namen berühmter Persönlichkeiten. Der Naturforscher Finsch nannte diesen Blauen Paradiesvogel Paradisaea rudolphi nach dem österreichischen Kronprinzen Rudolf, der später in Mayerling Selbstmord verübte.

Zur Gattung der Paradieselstern gehört dieser
Prinzessin-Stephanie-Paradiesvogel, eine
der wenigen Arten, die sich bereits in
Gefangenschaft fortgepflanzt haben. Er ist
benannt nach der belgischen Prinzessin
Stephanie, der Gattin des Kronprinzen
Rudolf von Österreich.

Das Männchen des Großen Paradiesvogels trägt eine große „Schleppe" aus verlängerten, goldgelben, seidig zerfransten Flankenfedern, die bei der Balz zu beiden Seiten aufgerichtet wird. Der prächtige Blaue Paradiesvogel hängt bei der Balz mit dem Kopf nach unten an einem Ast und öffnet fächerartig sein türkisblaues Prachtgefieder.

Noch interessanter ist das Balzverhalten der Gärtnervögel (Gattung *Amblyornis*). Sie lenken die Aufmerksamkeit des Weibchens auf sich, indem sie kunstvolle Lauben anlegen und diese mit Beeren, Blumen, Holzstückchen oder Muscheln schmücken. Diese Lauben sind keine Nester, sondern nur Rendezvous-Plätze.

Wellensittich

Der erste lebende Wellensittich wurde 1840 von dem englischen Vogel-forscher John Gould nach Europa eingeführt. Er lebt in weiten Teilen Australiens. Sein Federkleid ist leuchtend grün und bildet um den Schnabel herum eine gelbe Maske; der Rücken zeigt eine schwarze Strei-fung. Männchen und Weibchen unterscheiden sich durch die blaue bzw. braune Wachshaut des Oberschnabels.

Die ausgeprägte Form, in Gemeinschaften zu leben, hat ihm eine welt-weite Verbreitung als Käfigvogel gesichert. Zu Millionen auch wurden durch eine langwierige Auswahl Wellensittiche in den verschiedensten Farbvarianten gezüchtet. 1872 gab es die ersten gelben, 6 Jahre später die ersten rein blauen und 1917 die ersten weißen Sittiche. Manche lernen sogar sprechen und Melodien pfeifen, wenn man sich längere Zeit mit ihnen beschäftigt. Hervorstechendste Eigenschaft jedoch ist ihre Anpas-sungsfähigkeit; sie sind äußerst genügsam.

Die Vögel sind Wald- und Steppenbewohner, ihr Flug ist elegant und schnell. Sie ernähren sich vorwiegend von Grassamen. Steht aus-reichend Nahrung zur Verfügung, so nehmen sie kaum Wasser zu sich.

Wellensittiche legen ihre Nester in Baumhöhlen an. Die frischge-schlüpften Tiere sind nackt und die ersten acht Tage blind. Nach 4–5 Wochen verlassen sie bereits die Nesthöhle und können im Alter von drei Monaten schon selbst wieder brüten.

Wissenschaftlicher Name: *Melopsittacus undulatus*
Größe: 18 cm (davon 10 cm Schwanz-länge).
Vermehrung: 1- bis 3mal jährlich 4–8 weiße Eier, werden in Baumhöhlen abgelegt; Brutdauer 18–21 Tage, Weibchen brütet allein; Junge mit 4–5 Wochen flügge.
Nahrung: Vorwiegend Grassamen.
Lebensraum: Wälder und Steppen in Australien.

Die Loris oder Honigpapageien (Tricho-glossinae) aus Australien und Neuguinea haben das bunteste Federkleid aller Papageien. Wegen ihrer Schönheit, Sprech-begabung und leichten Zähmbarkeit werden auch sie häufig als Ziervögel gehalten.

Pfau

Wissenschaftlicher Name: *Pavo cristatus* (Blauer Pfau)
Größe: 1,10–1,25 m; Oberschwanzfedern bis 1,60 m lang.
Vermehrung: Nest in dichtem Buschwerk; 3–5 gelblichweiße Eier; Brutdauer 28 Tage.
Nahrung: Samen, Knospen, auch Giftschlangen.
Lebenserwartung: 20–30 Jahre.
Lebensraum: Waldungen und Dschungeldickichte, besonders Gebirgsgegenden, in Vorderindien und auf Ceylon.

Der Pfau ist durch die Schönheit seines Gefieders wohl der bekannteste Ziervogel. Er lebte in den Wäldern Vorderindiens und wurde von dort von Kaufleuten vor 4000 Jahren nach Vorderasien gebracht; später gelangte er auch nach Europa. Alexander der Große soll ihn von seinem Zug nach Indien mitgebracht haben.

Es werden zwei Arten unterschieden: der Blaue *(Pavo cristatus)* und der Ährenträgerpfau *(Pavo muticus);* letzterer gilt als nicht winterfest. Der Blaue Pfau jedoch zeigte sich relativ unempfindlich gegen Witterungseinflüsse. So läßt er sich gut auch in den europäischen und amerikanischen Gärten und Parks halten.

Tagsüber leben Pfauen in kleineren Trupps am Boden, zur Nachtruhe baumen sie auf und schlafen in Gemeinschaften. Wenn er verfolgt wird, versucht der Pfau zunächst, im Lauf zu flüchten. Sein Flug ist schwerfällig, er fliegt selten weit und erhebt sich nur wenig hoch.

Bei der Nahrungsauswahl ist der Pfau ein echter Hühnervogel; im Vorbeigehen pickt er unaufhörlich Samen und Knospen. Aufgrund seiner Stärke schätzen die Inder ihn aber auch als Schlangenjäger; er frißt sogar Kobras.

Im Laufe der Jahrhunderte wurden verschiedene Rassen des Blauen Pfaus gezüchtet; deshalb sieht man jetzt auch viele weiße oder gescheckte Formen.

Während der Balz entfaltet der Pfauhahn seine Oberschwanzfedern zu einem prächtigen Rad.

Kiwi

Wer Straußenvögel kennt und sie schon sicher und schnell in der afrikanischen Savanne davoneilen sah, ist über ihre entfernte Verwandtschaft mit dem Kiwi Neuseelands erstaunt. In ihrem Aussehen und in ihrer Lebensweise sind die Kiwis den übrigen Laufvögeln doch recht unähnlich.

Der Kiwi ist noch nicht ausgestorben, weil er sich einem nachtaktiven Leben angepaßt und außerdem dichte Urwälder als Lebensraum gewählt hat. Zudem sind die Kiwivögel heute in ihrer Heimat sehr streng geschützt.

Das Gefieder macht den Eindruck eines langhaarigen braungrauen Pelzes; die Federfahnen sehen wie zerschlissen aus. Die kräftigen Füße besitzen scharfe Krallen, mit denen sie sich Angreifern gegenüber wirkungsvoll verteidigen können. Die knopfartigen Augen sind winzig klein; der lange Schnabel hat Pinzettenform und ist am Grunde von „Fühlborsten" umgeben. Der Geruchssinn scheint bei den Kiwis eine wichtige Rolle zu spielen. Bei der Nahrungssuche stochern sie mit dem Schnabel im lockeren Waldboden und suchen nach Würmern und Insektenlarven. Es sind sehr scheue Tiere, die beim geringsten verdächtigen Geräusch das Weite suchen. Am Tage halten die Kiwis sich in Erdhöhlen versteckt; auch ihre Nester legen sie in Höhlungen unter Baumwurzeln oder Grasbüscheln an.

Wissenschaftlicher Name: *Apteryx australis*
Größe: 45–80 cm; Schulterhöhe 30–35 cm.
Vermehrung: 1–2 weiße, sehr große Eier werden im Abstand von 7–10 Tagen in Höhlungen unter Baumwurzeln oder Grasbüscheln gelegt und vom Männchen 2¹/₂ Monate lang bebrütet; Küken entwickeln sich nur langsam.
Nahrung: Würmer, Insektenlarven, Beeren.
Lebensraum: Gebirgswälder, stille Kulturlandschaften auf Neuseeland und den Stewart-Inseln.

Der Kiwi, ein flugunfähiger Vogel, lebt auf Neuseeland und den benachbarten Inseln. Das Weibchen legt ein oder zwei sehr große Eier; die Männchen bebrüten sie und führen später die Jungen. Das Bild zeigt einen Streifenkiwi.

125

Gavial

Wissenschaftlicher Name: *Gavialis gangeticus*
Größe: Bis 7 m.
Vermehrung: 20–40 hartschalige, weiße Eier werden auf Sandbänken und in kleinen Gruben am Ufer abgelegt; schlüpfende Jungtiere ca. 40 cm groß.
Nahrung: Fische, Frösche, aber auch Wasservögel, kleine Säugetiere.
Lebensraum: Tiefe, strömende Gewässer in Vorder- und Hinterindien.

Der Ganges-Gavial hat, wie alle Krokodile, einen langen, muskulösen Schwanz. Im Gegensatz zu den meisten Vertretern dieser Ordnung aber ist seine Schnauze eigenartig schmal, extrem verlängert und deutlich vom Hauptteil des Schädels abgesetzt.

Der Ursprung der Gaviale ist heute noch nicht genau geklärt. Wahrscheinlich ist er in der Kreidezeit zu suchen, so daß sie sich schon sehr früh von den übrigen Krokodilen abgespalten haben; von diesen unterscheiden sie sich deutlich durch einige Schädelmerkmale.

In Indien und Amerika wurden Fossilien von Gavialen gefunden, die 15–18 m lang waren. Als die alten Griechen den Gavial in Indien sahen, waren sie erstaunt und glaubten, Indien sei eine Insel und die Tiere seien schwimmend vom Nil dorthin gelangt. Bis vor noch nicht allzu langer Zeit gab es legendäre Berichte über den Gavial; z. B. sollte er lange Wege auf der Erde zurücklegen, um von einem Fluß zum anderen zu kommen.

In Wirklichkeit hält sich der Gavial von allen Krokodilen am wenigsten an Land auf; seine kurzen Beine sind recht schwach. Er lebt in den tieferen Flüssen Vorder- (Ganges, Indus, Mahanadi, Brahmaputra) sowie Hinterindiens (Kaladan, Mündung des Maingtha) und ernährt sich von Fischen und Fröschen, die er mit einem blitzartigen, seitlichen Kopfschwenken fängt. Hervorstechendstes Merkmal ist die extrem verlängerte Schnauze, die vom übrigen Schädel deutlich abgesetzt, nur an der Spitze knollenförmig verbreitert ist. Der Gavial ist eines der größten Krokodile und kann bis zu 7 m lang werden. Seine Existenz ist vom Fortschritt bedroht, denn viele Staudämme versperren den Weg zu neuen Nahrungsquellen; auch wird er durch Lederjäger verfolgt.

Kobra, Brillenschlange

Der Lebensraum der Indischen Kobra erstreckt sich von Turkmenien, Usbekistan, Vorderindien über ganz Hinterindien sowie Südchina bis zu den Sundainseln und Philippinen.

Von allen Giftschlangen tötet sie in Indien nach den Kettenvipern die meisten Menschen, denn ihr Gift ist hochgradig wirksam. Man schätzt, daß in Indien, wo ungefähr 15 000 Menschen im Jahr an Schlangenbissen sterben, allein 5000 dem Gift der Brillenschlange zum Opfer fallen. Durch ihren Biß werden etwa 100 mg Gift in den Körper injiziert, das sowohl auf das Nervensystem als auch auf den Blutkreislauf wirkt. Man hat errechnet, daß 1 g Kobragift in Trockensubstanz etwa 160 Menschen zu töten vermag. Viele Unfälle geschehen, weil die barfuß laufenden Orientalen auf eine Brillenschlange treten oder weil die in der Regel nachtaktiven Schlangen auf der Mäusejagd oft auch in die Siedlungen eindringen und am Boden Schlafende beißen; nur ein Teil der Bisse jedoch verläuft tödlich, und die Tiere sind im allgemeinen auch nicht sehr angriffslustig. Besonders tagsüber stoßen sie oft nur in einem Scheinangriff zu.

Die Brillenschlange kann von allen Kobras ihre Nackenhaut am weitesten ausspannen. Dabei bäumt sich der Vorderkörper je nach dem Grad der Erregung und Angriffslust verschieden hoch auf. Auf ihre Feinde (Mungos, verschiedene Greifvögel, Wildschweine) scheint dies jedoch keine besonders abschreckende Wirkung zu haben.

Wissenschaftlicher Name: *Naja naja*
Größe: 1,50 bis über 2 m.
Vermehrung: Weibchen legt 2–3¹/₂ Monate nach der Paarung 8–45 Eier in hohle Baumstümpfe oder Termitenbauten; Junge schlüpfen nach 7–10 Wochen.
Nahrung: Ratten, Mäuse, Eidechsen, Vögel, Frösche, auch Fische.
Lebenserwartung: Bis 20 Jahre, selten darüber.
Lebensraum: Dschungel, feuchte und bewohnte Gegenden in Mittelasien, Vorder-, Hinterindien, Südchina bis zu den Sundainseln und Philippinen.

Die Brillenschlange zählt, dank Kiplings „Dschungelbuch", nach ihrem Kampf mit dem Mungo Rikki Tikki Tavi wahrscheinlich zu den berühmtesten Schlangen. Die Kobra kann zwar die Laute des flötenden Schlangenbeschwörers nicht hören, verfolgt dafür aber seine Bewegungen sehr genau.

Pythons

Wissenschaftlicher Name: Gattung
Python
Größe: Bis 9 m.
Vermehrung: 10 bis über 100 Eier werden
3–4 Monate nach der Paarung abgelegt;
Junge schlüpfen nach etwa 2 Monaten.
Nahrung: Vor allem kleine bis
mittelgroße Säugetiere, Vögel.
Lebenserwartung: Bis 25 Jahre.
Lebensraum: Vorwiegend feuchte
Wälder, Sümpfe in Afrika südlich der
Sahara, Südasien bis zur
indo-australischen Inselwelt.

*Der Tigerpython gehört zu den vier größten
Schlangenarten der Erde; er wird häufig
in den Zoologischen Gärten sowie in
Tierschauen gezeigt.*

Pythonschlangen leben in den warmen Gebieten der Alten Welt, in Afrika südlich der Sahara und in Südasien bis zur indo-australischen Inselwelt. Wenn es unter ihnen auch eine ganze Anzahl kleinerer Arten gibt, so ist z.B. der riesige Netzpython *(Python reticulatus)* fast so groß wie die größte aller Schlangen, die amerikanische Anakonda. Er wird etwa 9 m lang und kommt in Südostasien vor. Sein Gewicht kann über 115 kg betragen, so daß er sich nur auf dem Boden und nicht auf Bäumen aufhalten kann.

In Afrika südlich der Sahara ist der Felsenpython *(Python sebae)* verbreitet; er erreicht eine Länge von 7 m und bevorzugt Gras- und Baumsteppen sowie das Buschdickicht an Flußufern.

Zu den Riesenformen der Pythonschlangen gehört der Amethystpython *(Liasis amethistinus)*. Er erreicht eine Körperlänge von 6 m und bewohnt die indo-australische Inselwelt.

Die bekannteste Riesenschlange ist der Tigerpython *(Python molurus)*. Er wird häufig in Tierschauen und in Zoologischen Gärten gezeigt. Der Tigerpython lebt in Indien, Südchina, auf Ceylon und im indo-australischen Raum und kann bis zu 8 m lang werden, wobei sein Körperbau massiger als der des Netzpython ist. Wie bei allen Pythonschlangen legen die Tigerpythonweibchen 10 bis über 100 Eier 3–4 Monate nach der Begattung; die Jungpythons schlüpfen dann zwei Monate darauf.

Das Leben der Tiere im immergrünen Regenwald

Außergewöhnliche, oft sogar einzigartige Merkmale und Verhaltensweisen zeichnen die Tiere aus, die aus dem tropischen Regenwald stammen oder sich diesem angepaßt haben. Der Regenwald bildet mit den recht verschieden hohen Gewächsen, drei Einnischungsmöglichkeiten in unterschiedlichen, übereinanderliegenden Etagen. Er wird im Halbschatten das ganze Jahr über von einem feuchten Klima und von hohen Temperaturen wie im Gewächshaus beherrscht. Der Einfluß der Jahreszeiten ist nur gering.

Diese Besonderheiten haben auch die Fauna dahingehend verändert, daß im Vergleich zur offenen Savanne und Wüste die Tiere hier im allgemeinen kleiner sind. Auffallende Beispiele liefern pflanzenfressende Säugetiere wie der Afrikanische Waldelefant und das Okapi, wenn man sie mit ihren großen Verwandten (Savannenelefant, Giraffe) aus anderen Lebensräumen vergleicht. Ein Zwergflußpferd *(Choeropsis liberinensis)*

Der afrikanische Urwald verlangt von seinen Bewohnern besondere Anpassungsfähigkeiten. Der kleinere Waldelefant (Loxodonta africana cyclotis) *hat, im Gegensatz zum Busch- oder Steppenelefanten, abgerundete Ohrmuscheln und gerade, nach unten gebogene Stoßzähne, die ihn in den dichten Wäldern kaum behindern.*

Unter den Sinnensorganen steht bei den Vögeln das Auge an erster Stelle. Der Uhu kann einen Gegenstand in 150 m Entfernung bei Nacht genausogut wahrnehmen wie wir an einem wolkenreichen Tag.

wiegt nur 200–500 kg im Gegensatz zum Nil- oder Flußpferd *(Hippopotamus amphibius)* mit über 3000 kg. Eine analoge Verkleinerung der Körpermaße ist auch bei den Antilopen zu beobachten.

Im tropischen Regenwald haben sich ferner der Gehör- und Geruchssinn vervollkommnet, die Sehfähigkeit tritt dagegen etwas in den Hintergrund. Eigenschaften, wie das Wahrnehmungsvermögen oder das Erkennen der Richtung, aus der Laute oder Gerüche kommen, sind stärker ausgebildet. Die Sichtverhältnisse in einem derartig dichtbewachsenen Lebensraum bleiben verständlicherweise beschränkt. So konnten und mußten Laut- und Geruchssignale als eine notwendige Anpassung an den Lebensraum hinzukommen. Die Verfeinerung der Sinnesorgane, insbesondere des Gehörs, dient unter anderem dazu, mit Mitgliedern einer Gruppe, die oft weit verstreut sein können, Kontakt aufzunehmen, Reviergrenzen festzulegen oder bei Gefahr Warnrufe abzugeben. Eine natürliche Folge daraus war die Entwicklung verschiedener Tiersprachen, die besonders komplex und unterschiedlich sind. Es treten verschiedene „Mundarten" und „Redewendungen" auf, die entweder nur einzelne Tiere „sprechen" oder von anderen angenommen werden. Die bemerkenswerten Ergebnisse zeigen jedoch, daß wir uns dabei erst am Anfang unserer Beobachtungen befinden.

Der Urwald hat auch die Entwicklung des räumlichen Sehens von Tieren mit einer kurzen Schnauze unterstützt. Dazu gehören nicht nur die Affen, sondern auch nachtaktive Greifvögel und sogar Chamäleons sowie Frösche. Die Augenpaare können zwei Bilder zu einem räumlichen Bild vereinen und ermöglichen somit die richtige Einschätzung von Gegenständen und Entfernungen. Diese ist lebenswichtig, wenn Tiere von einem Ast zum anderen springen.

Die Gewöhnung des Auges an das dämmerige Zwielicht des Waldes führte bei vielen Tieren, besonders bei den räuberisch lebenden, zu einer starken Sehfähigkeit bei Nacht. Entsprechend dazu hat sich das Erkennen von gewissen Farben entwickelt. Ein klassisches Beispiel hierfür liefern die Affen; sie sind gezwungen, auf größere Entfernungen den Reifegrad der Früchte zu erkennen sowie eßbare und giftige Knospen voneinander zu unterscheiden. Aller Wahrscheinlichkeit nach ist ihr Farbeindruck jedoch etwas verschieden von dem des Menschen. Eine rote Frucht erscheint einem Schimpansen in rosagelben Tönen und eine gelbe ockergrün. Mit Sicherheit konnte man feststellen, daß manche Tiere, so z. B. Bienen und Ameisen, für den Menschen unsichtbare Bereiche (Ultraviolett) als Farben wahrnehmen können.

Geruchssignale markieren unsichtbare Reviergrenzen, zeigen den Weg

Andere Orientierungsfaktoren sind die „Radarimpulse", die von Fledermäusen und Vögeln ausgestreut werden. Diese Impulse, die wie ein Echo zurückkommen, erlauben den Tieren, sich mit großer Sicherheit im dichten Laubwerk zu bewegen.

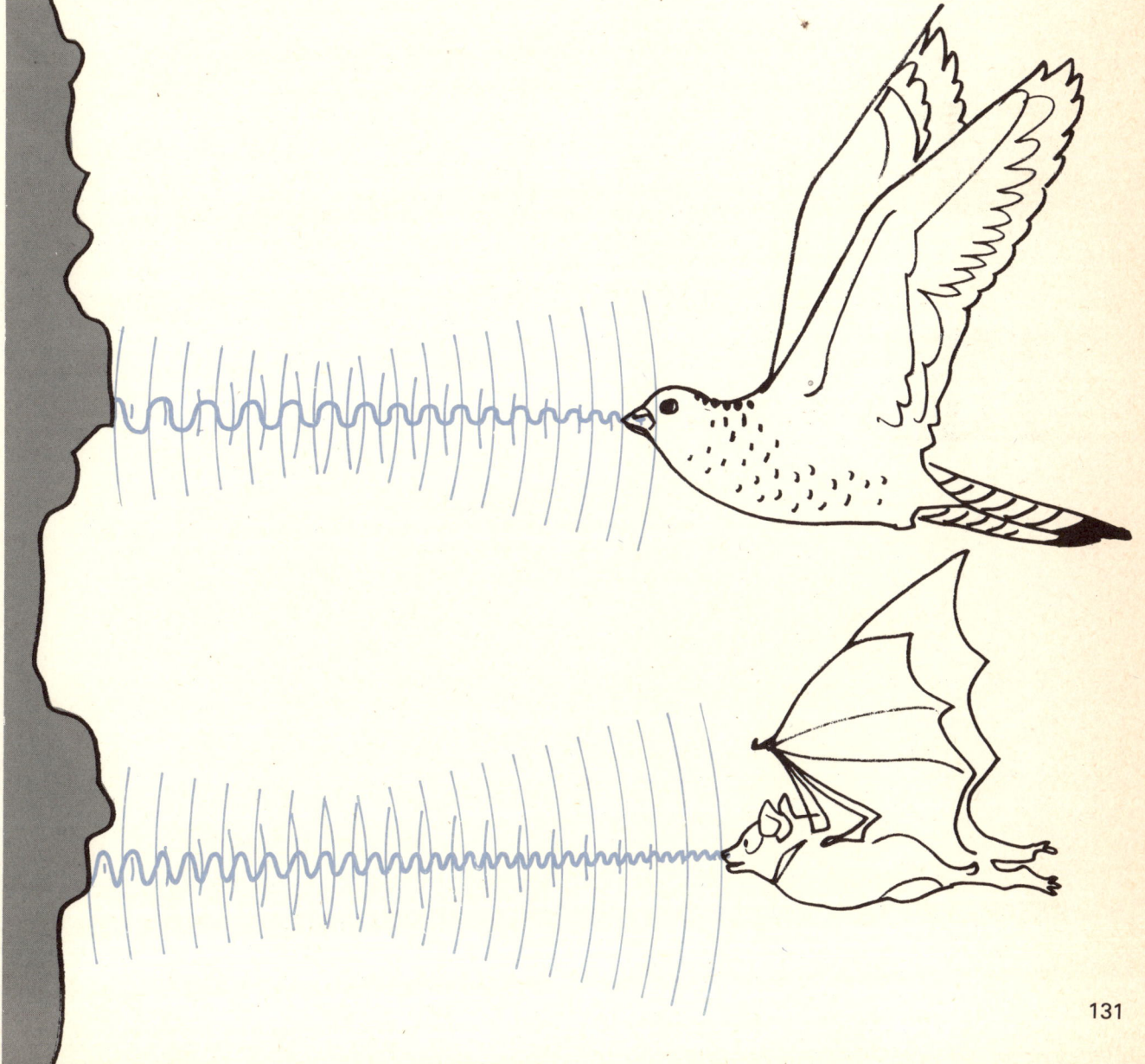

Unten: Dieses Tapirpärchen befreit sich gegenseitig gerade von lästigen Parasiten. Tapire sind typische Bewohner des Unterholzes in südamerikanischen Waldungen. Sie besitzen ein dickes, widerstandsfähiges Fell, mit dem sie sich gut durch das hohe Gras und im Gestrüpp bewegen können.

Nebenstehende Seite: Typische Anpassungen an das Leben im tropischen Regenwald zeigen die in den Tupi-Wäldern Südost-Brasiliens lebenden Spinnenaffen (oben), die einen Greifschwanz besitzen, den sie als Hangelarm einsetzen. Die Faultiere (unten) benutzen ihre starken Krallen in erster Linie zum Umklammern der Äste und Zweige; auch zum Schlafen nehmen sie diese Stellung ein.

zur Futterstelle oder werden dazu benutzt, um Artgenossen wiederzufinden. Wenn im Dschungel Südostasiens die kopfgroßen Früchte des Durian- oder Zibetbaumes *(Durio zibethinus)* – eines Wollbaumgewächses – reifen, lockt ihr Geruch eine gefräßige Schar von Tieren an: Elefanten, Hirsche, Tapire, Nashörner, Gibbons, Orang Utans, Blatthornkäfer, Ameisen, ja sogar Raubtiere. Der Tiger ist besonders gierig auf den ölhaltigen Samen. Auch die Eingeborenen schätzen den zwar übelriechenden, aber geschmacklich sehr ansprechenden Samenmantel des Durianbaumes.

Sowohl das Gehör als auch der Geruchssinn haben spezifische Sinneszellen, die bei vielen Tieren im Ohr oder in der Umgebung des Maules sitzen. Die Fledermäuse stoßen in rhythmischer Folge durch Mund oder Nase Ultraschallwellen aus, die von den Hindernissen zurückprallen und mit dem Ohr wahrgenommen werden. So können sie sich sicher im nächtlichen Dschungel bewegen oder schnell durch das dichteste Laubwerk fliegen.

Der scheinbar monotone tropische Regenwald ist in Wirklichkeit ein Komplex mit unterschiedlichen Faktoren. Sie können – etwa das Vorherrschen einer bestimmten Pflanzenart – für das Vorkommen oder Fehlen einer Tierart bestimmend sein. Nur Tiere, die sich diesen ausgeprägten Lebensbedingungen anzupassen vermögen, sind imstande zu überleben.

Die auffallendste Anpassung ist die des Lebens als Baumbewohner. Von den 60 Säugetierarten des tropischen Regenwaldes in Guayana leben mehr als die Hälfte fast ausschließlich auf Bäumen. Unter ihnen findet man verständlicherweise ausgezeichnete Kletterer. Nicht nur alle vier Beine, Hände und Füße, sondern auch der Schwanz werden von manchen Tieren, wie z. b. einigen südamerikanischen Affen verwendet. Die meisten Baumtiere sind Krallenkletterer. Sie haken sich mit ihren gebogenen, scharfen Krallen in die Baumborke ein und bewegen sich oft

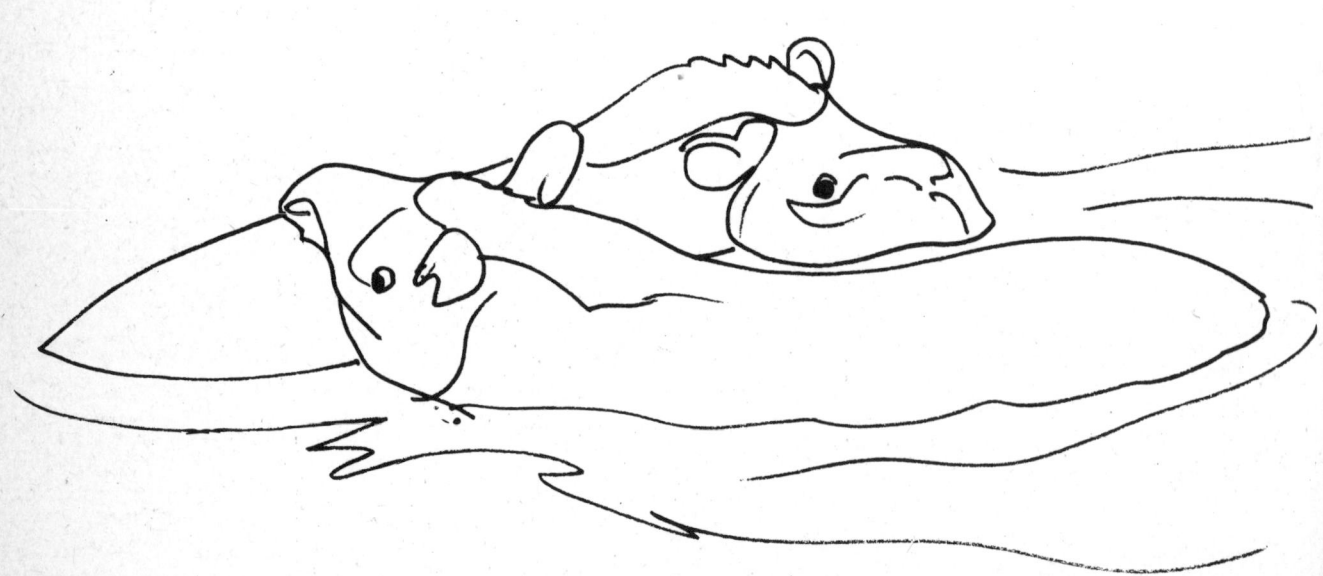

mit großer Geschwindigkeit auf waagerechten, schiefen oder senkrechten Flächen. Weit schwerfälliger ist das Klettern der Faultiere. Sie benützen die starken Krallen in erster Linie zum Umklammern der Baumäste und Zweige. Eine andere Fortbewegungsart ist das Fluggleiten (Flughörnchen) und das aktive Fliegen. Fledermäuse und Flughunde können mit Hilfe der Flughaut, die sich zwischen ihren Gliedmaßen und besonders zwischen ihren stark verlängerten Fingern ausspannt, längere Flüge zwischen den Bäumen unternehmen; heute wird diese Besonderheit von den Drachenfliegern nachgeahmt.

Von den Baumbewohnern steigen Gorillas und Schimpansen oft zum Waldboden herunter. Gibbons und Orangs sind „Schwinghangler''; erstere faszinieren durch weite Luftsprünge von 10 m, so daß man fast schon von „Flügeln'' sprechen kann. Unter den Raubtieren finden wir geschickte Kletterer wie den Leoparden oder vortreffliche Schwimmer wie Jaguar und Tiger. Der blitzartige Überfall wird längeren Verfolgungsjagden vorgezogen. Was würde einem Geparden die Schnelligkeit im Urwald auch nützen?

Dschungeltiere leben meist allein oder paarweise. Oft kann man sie aber auch in kleineren Gruppen beieinander finden, während große Gemeinschaften selten sind. Die engste Verbindung besteht zwischen dem Muttertier und ihren Jungen. Eine Ausnahme machen die Affen und

Der Urwald beherbergt Vogelarten, die erst vor verhältnismäßig kurzer Zeit entdeckt worden sind. Den ersten Kongopfau fand man 1936. Er bildet den Übergang zwischen den Pfauen und den Perlhühnern, baut kein Nest, hat keine „Schleppe" sowie keine Augenflecke im Gefieder.

Papageien. Große Pekarigemeinschaften mit mehreren hundert Tieren hat man nur zu bestimmten Zeiten der Wanderung gesehen. Im allgemeinen ist ein Gebietswechsel ein seltenes Geschehen im Urwald, was gewiß auf das gleichmäßige Klima und Nahrungsangebot während des gesamten Jahres zurückzuführen ist.

Die Säugetiere sind also im tropischen Regenwald seßhafter als in anderen Zonen. Das Okapi aus dem kongolesischen Urwald wechselt seinen Standort nur in einem Umkreis von 5–6 km, und das Jagdgebiet eines Jaguars ist bei günstigen Bedingungen höchstens 3–5 km² groß. Dies sind wirklich kleine Räume, wenn man sie mit den rund 1300 km² vergleicht, die z. B. ein Wolfsrudel in Alaska durchstreift.

Im Urwald treten Kämpfe und Streitigkeiten, wie sie in offenen Gebieten häufig stattfinden, viel seltener auf. Hierzu gehören z. B. der Zweikampf der Böcke zur Brunftzeit, die Verteidigungsformationen der Wildschweine und Moschusochsen gegen Wölfe, die Massenwanderungen in der Savanne und Prärie, die Bibersiedlungen und die Zusammenschlüsse von Robben oder Seekühen. Nur die Menschenaffen führen ein vielseitiges und – bis auf wenige Ausnahmen – organisiertes Gemeinschaftsleben. Das stärkste und älteste Mitglied einer Herde ist gewöhnlich das Leittier; es verlangt und genießt unbedingten Gehorsam.

Die heutige Zerstörung und Einengung zahlreicher Urwaldgebiete könnte in nicht zu ferner Zeit dazu führen, daß bald nur noch einzelne, getrennte Waldteile übrigbleiben. Ein einzigartiger und wertvoller Lebensraum, der umfassendste, den wir kennen, wird somit möglicherweise von uns Menschen vernichtet, noch bevor wir alle seine Geheimnisse kennen. Unsere Kenntnisse sind besonders gering bezüglich zahlreicher Vogelarten. Die Existenz vieler dieser Vögel, die kaum zu sehen sind, vermutet man nur, weil ihr Gesang morgens oder am Abend an Bächen oder in Lichtungen zu hören ist. In einem einzigen Hektar Wald in Ecuador wurden 40 Vogelarten gezählt. In den Museen in Neuguinea gibt es Einzelbälge, von denen man heute noch nicht weiß, ob sie eine eigene Art darstellen oder ob es sich um Kreuzungen handelt, und von einer schönen Waldtaube aus dem Kongogebiet und Uganda hat man bisher weder das Nest noch die Eier gefunden.

Der tropische Regenwald beherbergt Vögel, die seit Millionen von Jahren ihre Gestalt nicht verändert haben. Die Weißkehlstelzenkrähe *(Picathardes gymnocephalus)*, die gesellig im westafrikanischen tropischen Regenwald lebt, versteckt sich auf dem Waldboden, wo sie mit eigenartigen Sprüngen auf Frösche und Insekten Jagd macht. Die Vögel bauen napfförmige Schlammnester in einer Felsspalte oder anderen natürlichen Höhlungen und kleiden diese mit Gräsern, dünnen Wurzeln sowie zuweilen mit einigen Federn aus. Am oberen Kongo lebt der Kongopfau *(Afropavo congensis)*, der systematisch zwischen den Pfauen und den Perlhühnern steht. Er wurde erst 1936 entdeckt. Im Unterschied zu den Pfauen hat er keine „Schleppe" und keine Augenflecken im Gefieder. Er baut fast nie ein Nest, und seine Rufe werden kilometerweit von einer Gruppe zur anderen weitergegeben. Der bereits erwähnte Hoatzin, ein lebendes Fossil aus den Überschwemmungswäldern innerhalb des Einzugsgebietes von Amazonas und Orinoco, hat sich wahrscheinlich schon seit Millionen von Jahren nicht verändert und erinnert in seinem Aussehen an den Archaeopteryx.

Typisch für Dschungelvögel ist, daß verschiedene Vogelarten sich zeitweilig zusammenschließen. Es gibt Vogelschwärme mit rund 16 verschiedenen Arten, die sich wie eine echte Gemeinschaft verhalten. Die Jagd-

Der Hoatzin ist als lebendes Fossil bezeichnet worden. Das primitive Aussehen, die schlechten Flugeigenschaften und die bekrallten Finger der Jungvögel haben häufig einen Vergleich zu den Urvögeln, dem Archaeopteryx, herbeigeführt. Er wird nicht gejagt, weil sein Fleisch einen unangenehmen Geruch hat. Hoatzins sind ausgesprochene Baumbewohner an den Flußufern der tropischen Wälder des Amazonasgebietes; sie können auch geschickt schwimmen.

gesellschaften bilden sich meist morgens und lösen sich vor der Dämmerung wieder auf. Die Anführer sind an ihrem erregten Verhalten zu erkennen. Die Führungsrolle dieser zeitlich beschränkten Zusammenschlüsse kann zwischen Kolibris, Dorndrehern, Organisten *(Euphonia)* und verschiedenen Kuckucksarten wechseln. Diese Gemeinschaften nützen das Nahrungsangebot auf eine vernünftige, einander ergänzende Weise aus. Sie konkurrieren also nicht miteinander, sondern schützen sich gegenseitig.

Wie die Säugetiere treten auch die Vögel in den verschiedenen Etagen des tropischen Regenwaldes auf. Die insgesamt 306 Vogelarten des Dschungels auf Malaysia verteilen sich auf 17 Greifvogelarten, die über den Urwald fliegen, 79 Arten besetzen die Baumkronen, 163 leben darunter bis zur Unterholzzone, und 47 Arten halten sich auf dem Waldboden auf. Viele von ihnen sind im allgemeinen nur mittelmäßige Flieger. Im Alten Rom hielt man Pfauen ohne besondere Schutzmaßnahmen auf küstennahen Inseln oder an Binnenseen. Die etwas abgerundeten Flügel erlauben ihnen nur einen schwerfälligen Flug, sie sind aber – dank einer besonderen Anpassung der Zehen – ausgezeichnete Kletterer. Bei den meisten Vögeln sind in der Regel drei Zehen nach vorn und eine nach hinten gerichtet; bei anderen Arten – z.B. den Spechten, Kuckucken, Eulen und Papageien – ist jedoch außer der ersten auch die vierte Zehe nach hinten gewendet. Bei den Papageien wird der gewaltige hakenförmige Oberschnabel beim Umherklettern im Astwerk zu einer zusätzlichen Hilfe. Die mit einer wohlentwickelten Kralle versehenen Flügel des jungen Hoatzins sind ein urtümliches Merkmal.

Das Nahrungsangebot ändert sich von einem Waldgebiet zum anderen, und somit sind auch die Ernährungsgewohnheiten der Tiere recht unterschiedlich. Im Dschungel Malaysias – so ergaben Untersuchungen – leben 38% der Arten rein vegetarisch oder von gemischter Kost, 55% waren Insektenfresser, 7% Fleischfresser. Hierbei kann es sich jedoch nur um annähernde Werte handeln, denn es ist bekannt, daß gewisse Vegetarier in der Brutzeit oder wenn sie Jungvögel zu füttern haben Insektennahrung bevorzugen.

Auch einige Wasservögel haben sich dem Leben in versumpften Waldgebieten angepaßt, wie zum Beispiel die Moschusente (Cairina moschata) oder einige Arten der Baumenten (Dentrocygna).

Die Färbung des Gefieders variiert von den glänzenden und bunten Federn der Kolibris, Trogons, Fasanen, Pfauen und Paradiesvögel bis zu den gedämpfteren Tönen vieler Sperlingsvögel. Die Vögel aus den Baumkronen haben oft ein buntes Gefieder mit metallischen Tönen, während die aus den unteren Schichten und die Vögel des Waldbodens weniger auffällig gefärbt sind. Im allgemeinen gilt: je feuchter der Lebensraum, desto dunkler das Federkleid. Sowohl die bunten als auch gedämpften Farben dienen in den meisten Fällen der Tarnung; die Vögel passen sich damit ihrer Umgebung so gut es eben geht an und können von Feinden auf diese Weise nur schwer entdeckt werden. Viele Vögel zeigen je nach Geschlecht, besonders während der Paarungszeit, große Unterschiede in ihrem Federkleid. So ist das Männchen der Paradieswitwen (Steganura paradisea) im Brutkleid am Kopf, auf der Körperoberseite, an der Kehle und am Schwanz schwarz gefärbt, der Bauch ist rötlich-

Typisch für die Vogelwelt des Dschungels sind die gemischten Schwärme aus verschiedenen Vogelarten, die sich alle um einen Anführer scharen. Die Führungsrolle kann zwischen den verschiedenen Arten wechseln, und die Gemeinschaften nützen das Nahrungsangebot, ohne dabei untereinander zu konkurrieren.

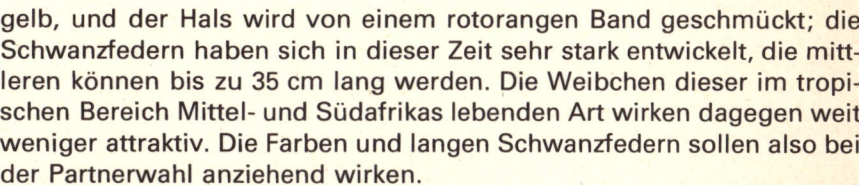

Unter den Vogelarten, die sich am ehesten zu diesen Gemeinschaften zusammenfinden, gehören der Kuckuck (nebenstehende Seite, oben), der Fliegenschnäpper (darunter), der Dorndreher (oben) und die Tangaren (unten).

gelb, und der Hals wird von einem rotorangen Band geschmückt; die Schwanzfedern haben sich in dieser Zeit sehr stark entwickelt, die mittleren können bis zu 35 cm lang werden. Die Weibchen dieser im tropischen Bereich Mittel- und Südafrikas lebenden Art wirken dagegen weit weniger attraktiv. Die Farben und langen Schwanzfedern sollen also bei der Partnerwahl anziehend wirken.

Die geringe Sichtweite im Urwald führte aber auch dazu, daß viele Tiere versuchen, sich akustisch zu verständigen. Ein bekanntes, vielleicht unvermutetes Beispiel zeigt der nur 10 cm große Zaunkönig. Dieser Vogel ist im dichten Regenwald Mittelamerikas sehr verbreitet und gelangte während der letzten Eiszeit über Grönland auch bis in die Alte Welt. Sein melodischer Gesang ist oft über 1 km hörbar. Er soll den Reviernachbarn die Besitzrechte über ein bestimmtes Areal signalisieren und die Weibchen herbeilocken. Daneben vernimmt man aber während der Balz auch Lautäußerungen, die nur wenige Meter weit hörbar sind. Diese sind an den in der Nähe sich befindenden Partner gerichtet und dienen der Kontakthaltung mit diesem im unübersichtlichen Lebensraum. Auch fällt auf, daß die Bewohner des Unterholzes kräftige und klangvolle Stimmen haben und sich ihrer recht häufig bedienen, daß aber die Bewohner der Wipfelregionen sich stimmlich ruhiger verhalten.

Im Urwald hat sich auch das Duett als Verständigungsmittel und zur Kontaktaufnahme zwischen den Vogelpaaren entwickelt. Der Gesang wird meist vom Männchen begonnen und vom Weibchen beendet. Aber auch Terzette oder Quartette sind bekannt. Man nimmt an, daß es sich hierbei um tatsächlich verwandte oder zumindest um nahe beieinander

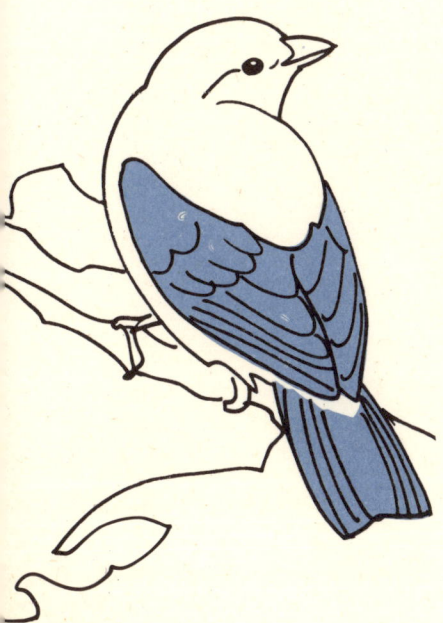

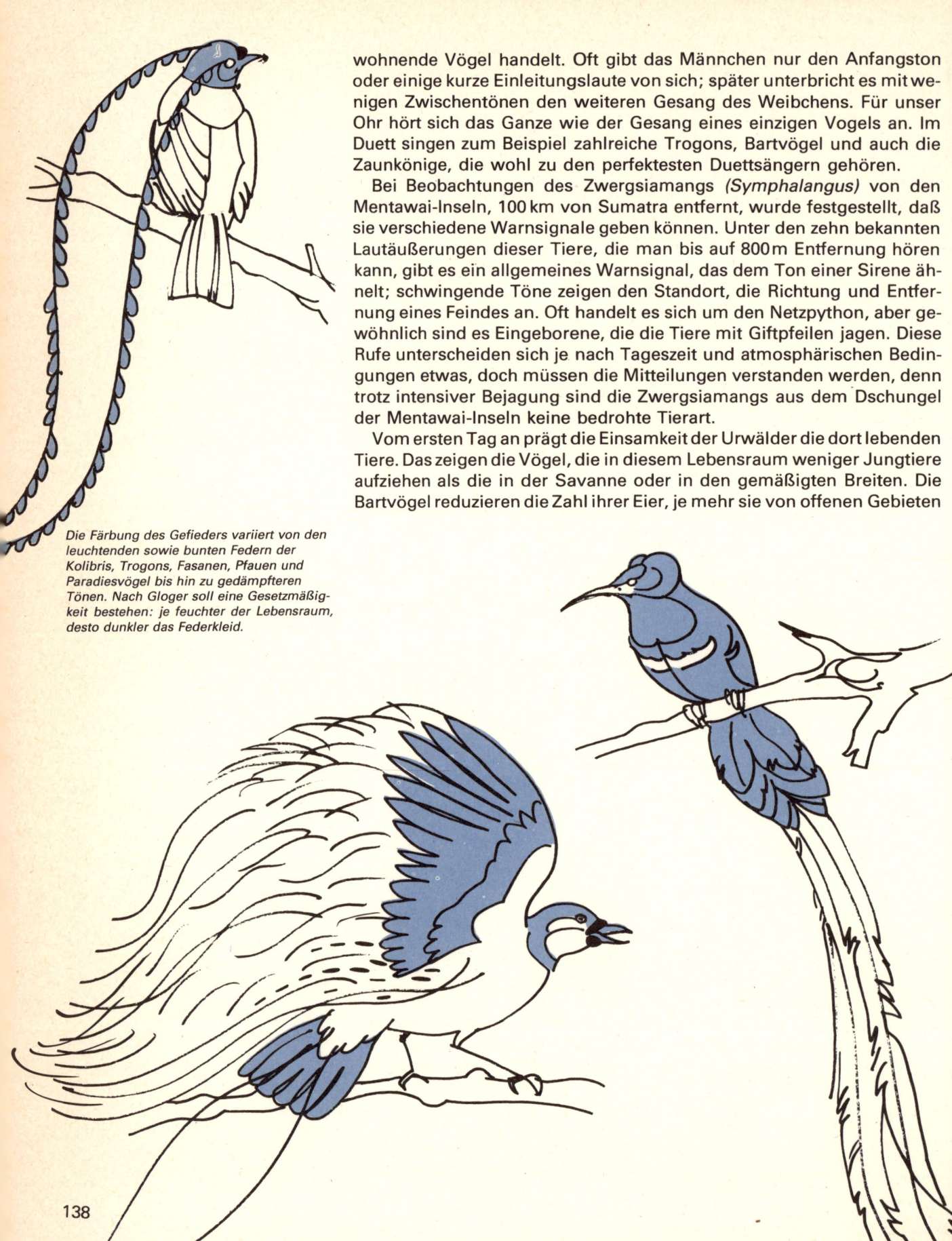

wohnende Vögel handelt. Oft gibt das Männchen nur den Anfangston oder einige kurze Einleitungslaute von sich; später unterbricht es mit wenigen Zwischentönen den weiteren Gesang des Weibchens. Für unser Ohr hört sich das Ganze wie der Gesang eines einzigen Vogels an. Im Duett singen zum Beispiel zahlreiche Trogons, Bartvögel und auch die Zaunkönige, die wohl zu den perfektesten Duettsängern gehören.

Bei Beobachtungen des Zwergsiamangs *(Symphalangus)* von den Mentawai-Inseln, 100 km von Sumatra entfernt, wurde festgestellt, daß sie verschiedene Warnsignale geben können. Unter den zehn bekannten Lautäußerungen dieser Tiere, die man bis auf 800 m Entfernung hören kann, gibt es ein allgemeines Warnsignal, das dem Ton einer Sirene ähnelt; schwingende Töne zeigen den Standort, die Richtung und Entfernung eines Feindes an. Oft handelt es sich um den Netzpython, aber gewöhnlich sind es Eingeborene, die die Tiere mit Giftpfeilen jagen. Diese Rufe unterscheiden sich je nach Tageszeit und atmosphärischen Bedingungen etwas, doch müssen die Mitteilungen verstanden werden, denn trotz intensiver Bejagung sind die Zwergsiamangs aus dem Dschungel der Mentawai-Inseln keine bedrohte Tierart.

Vom ersten Tag an prägt die Einsamkeit der Urwälder die dort lebenden Tiere. Das zeigen die Vögel, die in diesem Lebensraum weniger Jungtiere aufziehen als die in der Savanne oder in den gemäßigten Breiten. Die Bartvögel reduzieren die Zahl ihrer Eier, je mehr sie von offenen Gebieten

Die Färbung des Gefieders variiert von den leuchtenden sowie bunten Federn der Kolibris, Trogons, Fasanen, Pfauen und Paradiesvögel bis hin zu gedämpfteren Tönen. Nach Gloger soll eine Gesetzmäßigkeit bestehen: je feuchter der Lebensraum, desto dunkler das Federkleid.

in den Wald eindringen; gleiches gilt für die Vertreter der Familie der Spechte, die sogar dreimal soviel Nachwuchs haben wie ihre anderen Artgenossen. Der Uhu und die einzige Nachtschwalbe aus dem Urwald legen jeweils nur ein Ei. Bei den Greifvögeln kann man beobachten: je größer ein Tier, desto kleiner ist die Zahl seiner Neugeborenen.

Typische Merkmale der Raubtiere sind eine hohe Sterblichkeitsrate der Jungtiere, die meist zu beobachtende Interesselosigkeit des Vaters und eine relativ lange Zeit des Zusammenseins des Nachwuchses mit dem Muttertier. Junge Leoparden bleiben etwa 3–4 Jahre, Jaguare bis zu 2 Jahren bei der Mutter. Nur selten kann man im Dschungel ähnlich enge Familienbindungen wie in der Steppe oder Tundra beobachten.

Der Spieltrieb entwickelt sich bei jungen Tieren vom zweiten Monat an, wenn sie ihr Versteck zwischen Bambus oder Schilf verlassen, und setzt sich fort, wenn sie mit 5–6 Monaten das Muttertier begleiten. Wir wissen heute, daß ihre Sprünge, um eine imaginäre Beute zu fangen, eine Vorbereitung für später sind, Entfernungen richtig einzuschätzen. Das übermütige Fangspiel mit den Geschwistern, das Auskundschaften des umliegenden Gebietes, das Zischen und Fauchen dienen dazu, sie an den Ernst des Lebens zu gewöhnen. Die Tigermutter beobachtet alle ihre Handlungen und vermittelt ihnen die ersten Jagderfahrungen. Sie fängt größere Beutetiere, wirft sie zu Boden und überläßt sie dann ihren Jungen.

Die Weißbüscheläffchen (Callithrix jacchus) aus Ost- und Mittelbrasilien bilden Familiengruppen mit einem oder höchstens zwei Erwachsenenpaaren und ihren Jungen; in vielen Fällen handelt es sich bei diesen um Zwillinge. Die Männchen assistieren den eigenen Weibchen bei der Geburt wie richtige Hebammen. Die Kleinen werden von den erwachsenen Tieren oft auf dem Rücken getragen. Eine wichtige Rolle für die kleinen Affen spielen sowohl „Onkel" und „Tante" als auch alleinstehende Männchen, die sich der Gruppe anschließen, oder die älteren

Junge Raubkatzen wirken sehr verspielt, doch sind diese Balgereien mit den Geschwistern, die übermütigen Sprünge – nach einer imaginären Beute – eine meist ernsthafte Vorbereitung auf das spätere Leben. Die Mutter verfolgt alle diese Handlungen aufmerksam und vermittelt den Jungtieren auch erste Jagderfahrungen.

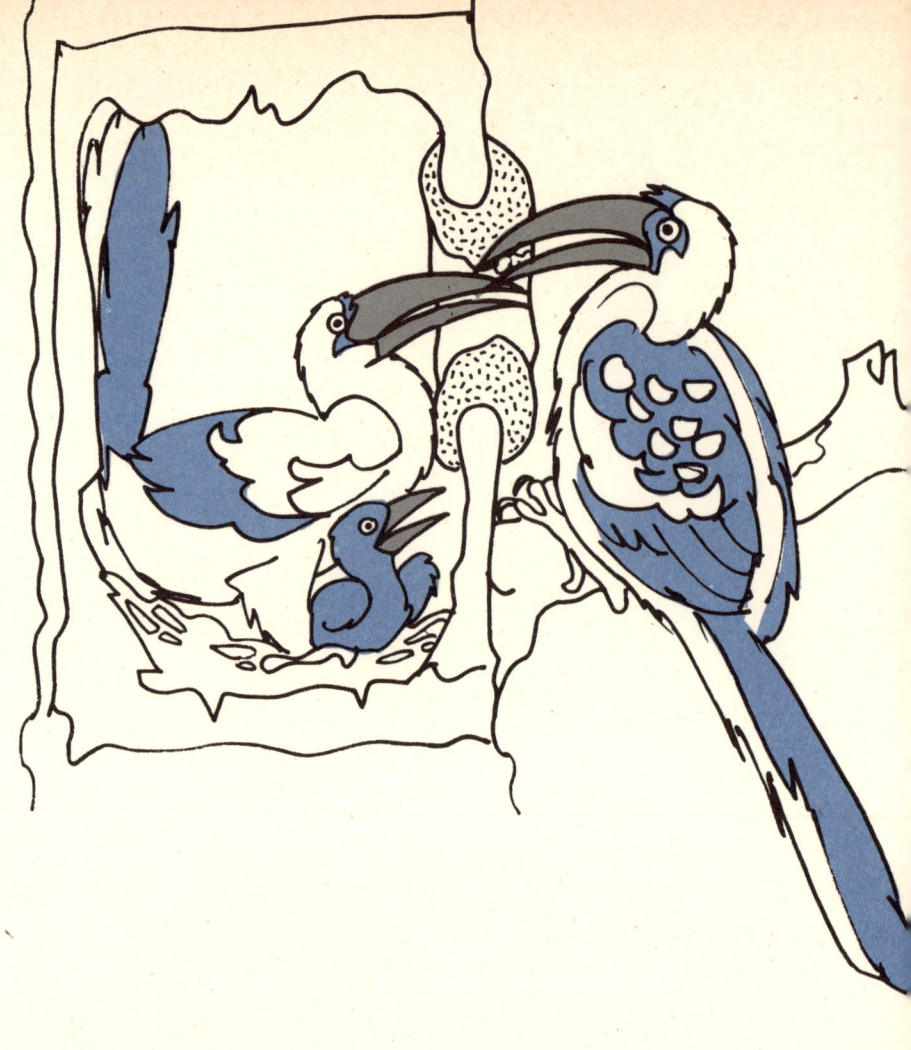

Zum Schutze ihrer Nachkommenschaft bauen die Webervögel (unten) Hängenester mit röhrenförmigen Eingängen, die für Feinde (z. B. Schlangen) ein kaum überwindbares Hindernis bedeuten. Der Nashornvogel (oben) dagegen mauert das Weibchen in einer Baumhöhle ein und ernährt dieses sowie die Jungen bis zum Flüggewerden durch eine kleine Öffnung.

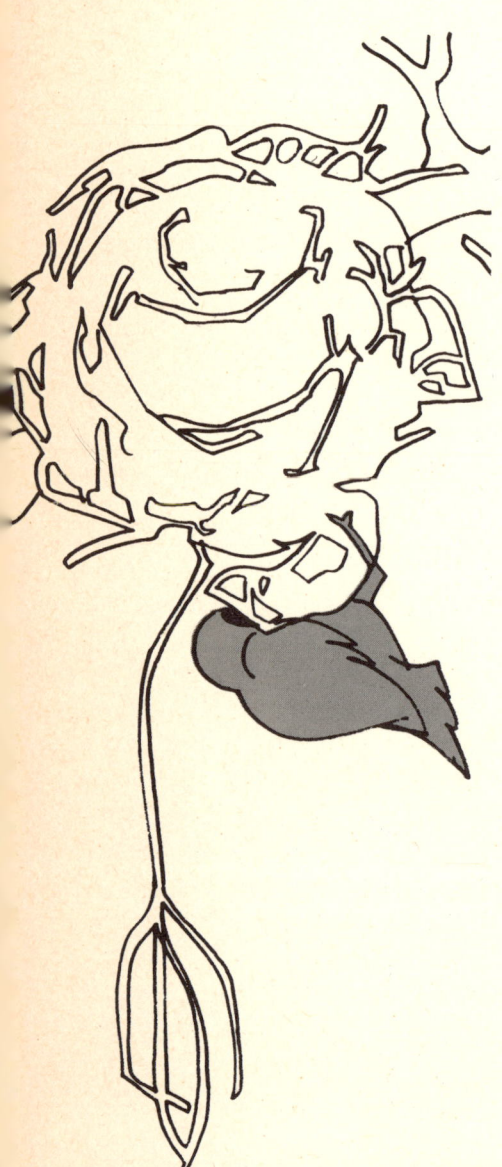

Geschwister. Das Elternpaar ist inzwischen bereits mit den weiteren Neugeborenen beschäftigt. Alles geht so lange gut, bis ein Junggeselle heiraten möchte; er wird von der Gruppe ausgestoßen.

Ein ähnliches Sozialverhalten zeigen die meisten Affen; typische Beispiele hierfür bieten Meerkatzen, Makaken und die Lemuren. Sie können ohne weiteres auch ein verwaistes Äffchen aufnehmen und in den eigenen Reihen integrieren. Die Bindung zwischen Mutter und Kind ist bei den Affen sehr stark entwickelt. Erzwungene Trennungen führten z. B. bei Rhesusaffen (Macaca mulatta) zu schweren Verhaltensstörungen. So zeigte sich u. a., daß mutterlos großgewordene Weibchen sich weigern, ihre eigenen Jungen anzunehmen und sie zu nähren, ja sie zeigten sich ihnen gegenüber ausgesprochen grausam.

Erwähnenswert erscheint noch die Synchronisation des Fortpflanzungszyklus beim Blutschnabelweber (Quelea quelea). Dieser nistet in den Tropen Afrikas in großen Gemeinschaften, und alle Mitglieder einer Kolonie beginnen gleichzeitig mit dem Brüten. Weber- und Nashornvögel haben einen besonders interessanten Nestbau entwickelt, der die Brut und das Weibchen besonders vor Schlangen, aber auch anderen Feinden schützt. Die Webervögel bauen kugel- oder flaschenförmige Nester mit einem rohrförmigen Eingang, der unter dem Gewicht einer eindringenden Schlange zusammenfällt. Die Nashornvögel mauern das brütende Weibchen in einer geräumigen Baumhöhle ein und ernähren es durch eine kleine Öffnung, bis die Jungen flügge sind.

Inhalt

Bildnachweis

Aarons 124; M. Andi 114; Atlantic Press 61, 64; Atlas Photo – Dragesco 44, 48; Atlas Photo – Klages 62, 63, 104; Atlas Photo – Lenars 74, 127; Atlas Photo – Schultz 58; Atlas Photo – P. Vasselet 106; Bruce Coleman – R. Allin 79; B. Coleman – M. P. Harris 84; B. Coleman – H. Schultz 86; B. Coleman – J. Wallis 128; J. Burton 57, 98; Candelier 46; Christiansen 54; Devez-Mission Biologique du Gabon 39; J. L. S. Dubois 53; E. P. S. 113; F. Erize 55; G. Fretey 81; Holmes Lebel 68, 71; Jacana – B. Flitz 72, 73; Jacana-Letellier 112; Jacana-Petter 75, 95; Jacana – J. Solaro 77; Jacana – J. P. Varin 41, 51; Jacana-Visage 43; P. Jaksen Researchers 50; R. Kinne 34, 59, 92, 96; J. Klages 40; B. Losier 52; W. Lummer 36, 85, 89, 90, 93; A. Margiocco 60, 82/83, 108, 109, 126, 128; Marka 70; N. H. P. A. – A. Bannister 88; N. H. P. A. – P. Wayre 107; Okapia 35, 37, 47, 49, 65, 116, 118, 119, 120, 121, 122; F. Petter 66; P. Pfeffer 117; Photo Researchers – J. Burton 105; Photo Researchers – B. Campbell 45; Photo Researchers – P. Jackson 115; Photo Researchers-Pizzey 100; Photo Researchers – H. Schultz 69; G. Pizzey 123; P. Popper 33; Prenzel Press 102; Rapho-Ylla 111; H. Rivarolo 76; D. Robinson 101; Schuhmacher 110; J. Simon 67; J. Six 78, 87; W. Suschitzky 94, 97, 103; D. W. Thornton 80; Time-Life 42; Trutnau 85; Z. F. A. 38, 91, 99; Z. F. A.-G. R. 125; Z. F. A. – Zingel 56. Einband: Photo Suschitzky

Die Welt der Tiere *in 12 Bänden*

Diese neue Bildbandreihe präsentiert die interessantesten Tiere unserer Erde in Texten international bekannter Zoologen und brillanten Farbaufnahmen von Fotografen aus aller Welt.

Je Band ca. 144 Seiten mit über 100 Farbfotos und zahlreichen zweifarbigen Schemazeichnungen. Efalineinband mit Farbprägung und vierfarbigem Schutzumschlag, Format 19,5 x 26,5 cm.

Bei Abnahme aller zwölf Bände sichern Sie sich die Vorteile des ermäßigten Subskriptionspreises.

Verlag Herder Freiburg · Basel · Wien